Le petit livre jaune

Les douze étapes vues autrement

Par Roger C.

Traduction par Louise B.

AA Agnostica

**Le petit livre jaune
Les douze étapes vues autrement**

Publié par AA Agnostica

ISBN 978-0-9940162-9-4

Les idées ou renseignements contenus dans ce livre n'ont pas pour objet de se substituer aux avis professionnels en la matière. Avant d'appliquer l'une ou l'autre de nos suggestions, on devrait consulter son médecin ou un spécialiste de la santé mentale. Ni les auteurs ni l'éditeur ne sauraient être tenus responsables des dommages résultant présumément de l'application de mesures données ici à titre de suggestions ou de renseignements.

Les douze étapes d'origine sont reproduites en **Partie 3** avec la permission des Services mondiaux des Alcooliques anonymes. Cette permission ne signifie pas que les Services mondiaux ont revu ou approuvé le contenu de la présente publication ni que ces Services sont d'accord avec les idées qui y sont exposées. Les AA ne s'intéressent qu'au problème de l'alcoolisme. Les restrictions ci-dessus concernent également les fraternités appliquant la méthode des AA, mais travaillant sur d'autres problèmes que l'alcool et elles concernent tout programme de rétablissement de l'alcoolisme n'étant en aucune manière associé aux AA.

Notes de la rédaction :

Note 1 : nous avons choisi d'appliquer dans ce livre les règles de l'orthographe française rectifiée.

Note 2 : toutes les fois où c'était possible, nous avons utilisé des formes grammaticales neutres ou féminines. Dans les autres cas, le masculin a été appliqué. Il s'agit d'un choix essentiellement stylistique inspiré par notre préoccupation de ne pas alourdir le texte inutilement.

Note 3 : nous avons retenu le pluriel de modestie, particulièrement dans les textes des étapes et de leurs interprétations. On ne s'étonnera pas de trouver des formes comme : nous en sommes venu …

Table des matières

Remerciements

Je tiens à remercier les membres et les fondateurs des groupes laïcs d'AA. Ces groupes sont toujours pour moi une source inestimable d'inspiration et de réconfort.

Merci aussi à ceux et celles qui m'ont fourni les différentes versions des étapes rassemblées ici. Grâce à eux, des alcooliques vont poursuivre leur rétablissement dans un programme en douze étapes sans devoir adhérer à quelque mouvement religieux que ce soit.

Ma reconnaissance va particulièrement à Gabor Maté, Stephanie Covington, Allen Berger et Thérèse Jacobs-Stewart pour m'avoir généreusement autorisé à ajouter leurs interprétations laïques respectives de chacune des douze étapes.

Sans les encouragements de William L. White et d'Ernest Kurtz, jamais je n'aurais écrit *The Little Book* et on n'aurait jamais vu sa traduction, *Le petit livre jaune*. Merci à eux deux.

Merci à vous tous. Un jour à la fois, je sais davantage qui je suis. Et je vous le dois.

Roger C.

Mes remerciements vont à Rob S. qui m'a fait découvrir les groupes laïcs à un moment critique de mon rétablissement. Sans lui et sans Guy F., âme du premier groupe agnostique au Québec, Les Libres-penseurs, je n'aurais pas eu le privilège de mettre mon expérience à la disposition des alcooliques athées ou agnostiques.

Louise B.

Finalement, l'auteur et la traductrice tiennent à remercier de façon toute personnelle les proches qui les ont soutenus. Merci Karen, Ron et Guy.

Avant-propos par William L. White

Voici les étapes que nous avons suivies et qui sont suggérées comme Programme de rétablissement. (Alcooliques Anonymes, 1939, p. 71)

La présence d'Alcooliques anonymes (AA) partout dans le monde et l'adaptation de ses douze étapes au traitement efficace de nombreux modes de vie dysfonctionnels sont pour ainsi dire la preuve vivante du pouvoir catalytique du programme AA dans la transformation d'individus. De même, l'apparition de groupes laïcs, spirituels ou même religieux au sein de cette fraternité confirme la déclaration suivante de l'un des cofondateurs des AA : Les voies conduisant au rétablissement sont nombreuses (Wilson 1993).

En 2006, je publiais avec Ernest Kurtz, un article intitulé « The Varieties of Recovery ». Nous y écrivions que le nombre croissant d'expériences originales au sein des AA comme à l'extérieur, marquait peut-être un point tournant, sinon *le* point tournant, dans le traitement des addictions. Je rappelle qu'Ernest Kurtz est l'auteur de *Not-God: A History of Alcoholics Anonymous*. Enfin, il faut souligner le travail inestimable de Roger C. qui a rassemblé des exemples concrets de ces adaptations et interprétations inédites des douze étapes AA dans divers contextes philosophiques, professionnels, religieux et culturels.

Des membres reconnaissants envers AA et parcourant *Le petit livre jaune* vont crier à l'hérésie en constatant les modifications au texte original des douze étapes. D'autres vont, au contraire, se réjouir de voir à l'œuvre dans le présent ouvrage deux attitudes enracinées dans l'histoire et la culture des Alcooliques anonymes : l'ouverture d'esprit et l'accueil envers les autres modes de rétablissement. Examinons les citations suivantes de Bill W. :

> *Il n'y a rien que tu sois obligé de croire chez les Alcooliques anonymes. Leurs Douze Étapes ne sont toutes que des suggestions.*

> *Nous avons l'habitude de laisser à chaque personne le droit absolu de s'exprimer comme elle l'entend sur n'importe quel sujet. Elle n'a pas à être d'accord avec qui que ce soit; elle peut même, si ça lui chante, être en désaccord avec tout le monde.*

> *S'il y avait quelque chose comme un corps de doctrines chez les AA, cela reposerait sur les diverses expériences des membres. Le choix est vaste. Prenez ce qui vous convient.*

Il y a de plus en plus de cheminements divers chez les AA et également plus de solutions de rechange laïques ou religieuses au mouvement des Alcooliques anonymes. Cet état de fait se vérifie aujourd'hui par l'émergence de deux tendances à l'échelle internationale.

D'abord, on se rappellera qu'autrefois, quand on demandait à quelqu'un « Es-tu dans le programme ? » on faisait allusion à un groupe bien identifié, celui des AA.

Aujourd'hui, cette même question risque fort de susciter des réponses multiples faisant écho à l'existence d'une fraternité très élargie utilisant les douze étapes. Ce qu'on voit apparaitre, c'est une compréhension des étapes marquée par la prise en compte de la diversité culturelle et, par conséquent, d'approches diverses de rétablissement. Seul l'avenir nous dira si cette prise en compte amènera un changement de norme dans le domaine et sera favorable au rétablissement d'un plus grand nombre.

Deuxièmement, la diversification philosophique des voies de rétablissement et la reconnaissance de la viabilité des voies alternatives créent un plus grand niveau d'identification mutuelle. Des gens qui autrefois se définissaient uniquement comme SMART, CRAFT, NA, AA, SOS, WFS, disent aujourd'hui faire partie d'une seule et unique communauté, celle des « toxicomanes et alcooliques en voie de rétablissement ». Les fraternités qui étaient hier des systèmes fermés en concurrence, ou même en conflit, se voient beaucoup plus aujourd'hui comme appartenant à un large réseau de groupes de rétablissement. Il arrive même souvent que des non-croyants, des gens de diverses religions et de courants spirituels différents participent à la même réunion.

Dans le sillage de ces tendances, nous voyons poindre le début d'une mobilisation politico-culturelle en faveur d'un regroupement universel reposant sur les trois réalités suivantes : 1) le rétablissement à long terme existe et a transformé la vie de millions d'alcooliques et celle de leurs familles; 2) les voies menant au rétablissement à long terme sont multiples; 3) dans tous les modes de traitement efficaces, on devrait se réjouir de l'existence des autres méthodes.

Le petit livre jaune réunit des données et des témoignages faisant état des façons de plus en plus diverses de vivre les douze étapes et de les interpréter. Cette publication aura certes pour effet d'accélérer la croissance du mouvement AA.

William L. White, auteur de : *Slaying the Dragon: The History of Addiction Treatment and Recovery in America*

Introduction

Il y a de nombreuses versions du programme des douze étapes. En fait, on en compte presque autant que d'alcooliques qui mettent le programme en pratique chez les AA pour arrêter de boire définitivement.

On ne s'étonne donc pas que tant de livres soient consacrés à l'étude et à l'analyse des douze étapes à la lumière de cette diversité. Parmi ces livres, on compte *A Woman's Way through the Twelve Steps* de Stephanie Covington et *Mindfulness and the Twelve Steps* de Thérèse Jacobs-Stewart.

Dans la **Partie 1** du livre, vous trouverez un bon échantillonnage d'étapes repensées écrites et utilisées tant par des particuliers que par des groupes.

Il y a bien longtemps (1957), Bill W. écrivait :

> *[...] nous devons nous rappeler que les Douze Étapes ne sont que des suggestions. Notre appartenance au mouvement ne dépend aucunement de notre acceptation des Étapes dans leur formulation courante. Cette liberté a rendu le mouvement accessible à des milliers d'alcooliques qui n'y seraient jamais venus si nous leur avions imposé de suivre le texte des Étapes à la lettre.* (Le mouvement AA devient adulte, p. 100)

Dans cet esprit, des groupes et des membres AA agnostiques et athées se sont donné leurs propres étapes en retirant du texte traditionnel tous les mots à connotation religieuse comme Dieu, Lui et Puissance Supérieure (avec la majuscule initiale dans les douze étapes d'origine) pour les remplacer par une terminologie laïque.

La **Partie 2** du *Petit livre jaune* est faite de quatre brèves interprétations des étapes; elles ont été insérées pour démontrer la très grande utilité d'analyser les étapes. La lecture de ces analyses inédites vous amènera peut-être à conclure que, vous aussi, devez absolument étudier le mode de vie en profondeur.

Dans les deux premières parties du livre, soit **Les douze étapes adaptées** et **Interprétations des étapes**, nous avons créé des champs pour que vous écriviez votre propre version ou point de vue.

Enfin, la **Partie 3** reproduit le texte original (1939) des étapes. Suit un article de Roger, « L'origine des douze étapes », qui relate l'histoire des étapes et des personnes qui les ont façonnées.

Généralement, quand on modifie les étapes pour les adapter à des circonstances particulières, elles sont un instrument capital dans le traitement des alcooliques.

Parmi les interprétations et les textes de rechange présentés dans les pages qui suivent, certains vous plairont plus que d'autres. Cela renforce notre conviction que personne ne peut échapper à l'étude sérieuse des étapes.

PARTIE 1 :
Les douze étapes adaptées

Vingt versions
Mes douze étapes

Les douze étapes de Gabe

1. Nous avons admis que nous étions incapable d'arrêter de boire par nous-même, pas plus que de vivre sans boire, et que nous avions perdu la maitrise de notre vie.

2. Nous en sommes venu à croire que des gens qui comprenaient notre problème ou en avaient souffert pourraient nous venir en aide.

3. Nous avons décidé de croire ce qu'ils nous disaient et d'appliquer leurs suggestions.

4. Nous avons effectué un inventaire minutieux des dommages que nous avons causés, de nos mauvais sentiments et des aspects de notre tempérament qui ont contribué à ces sentiments négatifs. Nous avons aussi noté les circonstances où nous avons bien agi, à notre plus grande satisfaction.

5. Nous avons montré cet inventaire à une autre personne au moins et l'avons examiné avec elle.

6. Nous avons accepté de l'aide pour renoncer à nos comportements inadaptés.

7. Nous en sommes venu à admettre nos faiblesses devant d'autres personnes et, lorsque les circonstances s'y prêtaient, à mettre en pratique les suggestions qu'on nous faisait.

8. Nous en sommes venu à vouloir nous excuser auprès de ceux et de celles à qui nous avions causé du tort.

9. Nous nous sommes excusé directement à ceux et celles que nous avions lésés, partout où c'était possible, sauf lorsqu'en ce faisant, nous risquions de leur nuire ou de nuire à d'autres.

10. Nous avons continué la pratique de l'inventaire et promptement admis nos torts (et reconnu nos bons coups).

11. Nous avons choisi une méthode de méditation et une technique de réflexion pour trouver tant notre place dans le monde qu'une façon personnelle de l'améliorer.

12. La mise en pratique de ces étapes ayant engendré en nous un changement psychique, nous avons essayé de transmettre notre message aux autres alcooliques et d'appliquer ces étapes dans tous les domaines de notre vie.

Encouragé par son thérapeute, Gabe S. a rédigé ses étapes à lui. La version de Gabe est peut-être représentative du point de vue des alcooliques non croyants en voie de rétablissement.

Les étapes, version du groupe
Beyond Belief Agnostics de Toronto

1. Nous avons admis que nous étions impuissant devant l'alcool et que nous avions perdu la maitrise de notre vie.

2. Nous avons fini par comprendre que pour retrouver la raison, nous avions besoin de forces dont la nature nous échappait et qui dépassaient nos ressources personnelles.

3. Nous avons décidé de confier notre vie et notre volonté aux soins du programme des Alcooliques anonymes.

4. Nous avons procédé en toute confiance à un inventaire moral approfondi de nous-même.

5. Nous avons reconnu sans réserve la vraie nature de nos comportements inadaptés et nous en avons discuté avec un autre être humain.

6. Nous avons accepté de l'aide pour tenter de mettre fin à nos comportements inadaptés.

7. Nous avons cherché avec humilité la façon de nous défaire de nos défauts.

8. Nous avons dressé la liste de toutes les personnes à qui nous avions fait du tort et consenti à nous excuser auprès d'elles.

9. Partout où c'était possible, nous nous sommes excusé directement auprès des personnes que nous avions lésées en prenant soin de ne pas leur nuire ou de nuire à d'autres.

10. Nous avons continué la pratique de l'inventaire moral et avons admis nos torts dès que nous nous en sommes aperçu.

11. Par des techniques de pleine conscience ou par la méditation, nous avons travaillé à favoriser notre réveil spirituel, en cherchant seulement à connaitre la voie que nous devions emprunter dans la vie et la force de ne pas nous écarter de cette voie.

12. Ayant connu un réveil spirituel comme résultat de ces étapes, nous avons essayé de transmettre notre message à d'autres alcooliques et de mettre les douze étapes en pratique dans tous les domaines de notre vie.

Le groupe Beyond Belief a été inauguré le 24 septembre 2009. C'est le plus ancien groupe laïc du Canada.

Les douze étapes, version du groupe
AA Agnostics of the San Francisco Bay Area

1. Nous avons admis que nous étions impuissant devant l'alcool et que nous avions perdu la maitrise de notre vie.

2. Nous avons fini par comprendre que pour retrouver la raison, nous avions besoin de forces dont la nature nous échappait et qui dépassaient nos ressources personnelles.

3. Nous avons décidé de confier notre vie et notre volonté aux soins de la sagesse et de l'expérience de ceux qui nous avaient précédé.

4. Nous avons procédé en toute confiance à un bilan approfondi de nous-même.

5. Nous avons reconnu sans réserve la vraie nature de nos comportements inadaptés et nous en avons discuté avec un autre être humain.

6. Nous avons accepté de l'aide pour éliminer nos comportements inadaptés.

7. Nous avons cherché avec humilité, et en gardant l'esprit ouvert, la manière de nous défaire de nos comportements inappropriés.

8. Nous avons dressé la liste de toutes les personnes à qui nous avions fait du tort et consenti à nous excuser auprès d'elles.

9. Partout où c'était possible, nous nous sommes excusé directement auprès des personnes que nous avions lésées en prenant soin de ne pas leur nuire ni de nuire à d'autres.

10. Nous avons continué la pratique du bilan moral et avons promptement admis nos torts.

11. Par la méditation, nous avons cherché à favoriser notre éveil spirituel, à mieux comprendre le mode de vie AA et à trouver la force de toujours appliquer celui-ci dans notre vie.

12. Ayant connu un éveil spirituel comme résultat de ces étapes, nous avons essayé de transmettre notre message à d'autres alcooliques et de mettre les douze étapes en pratique dans tous les domaines de notre vie.

Ces douze étapes viennent du site du groupe AA Agnostics of the San Francisco Bay Area.

We Agnostics
(Version attribuée à un groupe de Cleveland)

1. Nous avons admis notre impuissance devant l'alcool et reconnu que toute tentative pour boire raisonnablement étant futile, nous avions perdu la maitrise de notre vie.

2. Nous en sommes venu à croire que même si nous n'arrivions pas à régler nous-même notre problème d'alcool, des circonstances et des forces dont la nature nous échappait pouvaient nous rendre la raison et nous redonner une vie équilibrée.

3. Nous avons décidé d'accepter des choses qui nous échappaient, en particulier d'accepter ce qui est et de nous en accommoder le mieux possible.

4. Nous avons sereinement procédé à un examen approfondi et à un inventaire de nous-même.

5. Sans restriction aucune, nous avons reconnu la vraie nature de nos torts et nous en avons discuté avec un autre être humain.

6. Nous avons fini par désirer laisser aller nos comportements et nos traits de personnalité assimilables à des défauts et qui étaient source de difficultés et de problèmes.

7. Nous avons humblement admis nos imperfections et, l'esprit ouvert, nous avons cherché à les éliminer.

8. Nous avons fait la liste de toutes les personnes à qui nous avions fait du tort et décidé de nous excuser auprès de chacune d'elles.

9. Partout où c'était possible, nous nous sommes excusé directement auprès des personnes que nous avions lésées en prenant soin de ne pas leur nuire ni de nuire à d'autres.

10. Nous avons poursuivi la pratique de l'inventaire moral et avons promptement admis nos torts.

11. Par la méditation et la contemplation, nous avons cherché à favoriser notre éveil spirituel et décidé que notre vie serait essentiellement spirituelle.

12. Ayant connu un profond changement de notre état de conscience par l'application de toutes les étapes, nous avons essayé de transmettre notre message aux autres alcooliques et de mettre en pratique ces principes dans tous les domaines de notre vie.

Les gens de Cleveland décrivent ces étapes comme les « petites roues stabilisatrices » pour les alcooliques en voie de rétablissement et à la recherche de leur propre voie spirituelle.

Les douze étapes du groupe Les Libres-penseurs de Saint-Hyacinthe (Québec)

1. Nous avons admis que nous étions impuissant devant l'alcool et que nous avions perdu la maitrise de notre vie.

2. Nous en sommes venu à accepter que nous avions besoin d'aide pour faire face à notre problème d'alcool.

3. Nous avons décidé de joindre un groupe de personnes ayant réussi à mettre un terme à leur consommation d'alcool.

4. Nous avons sereinement procédé à une rigoureuse introspection de nous-même et reconnu que notre autoapitoiement, nos comportements défavorables et autres troubles d'adaptation aient pu contribuer à notre alcoolisme.

5. Sans réserve aucune, nous avons reconnu la justesse de notre introspection et partagé les détails de cette dernière avec une autre personne.

6. Nous avons consenti à abandonner nos comportements destructeurs pour nous-même et pour les autres.

7. Nous avons cherché, avec humilité, honnêteté et ouverture d'esprit, à changer nos comportements et nos habitudes de vie de façon à demeurer abstinent et abstinente.

8. Nous avons dressé une liste de toutes les personnes que nous avions lésées et nous avons consenti à réparer nos torts envers chacune d'elles.

9. Nous avons réparé nos torts directement envers ces personnes dans la mesure du possible, sauf lorsqu'en ce faisant, nous risquions de leur nuire ou de nuire à d'autres.

10. Nous avons poursuivi notre introspection et admis nos erreurs dès que nous nous en sommes rendu compte.

11. Nous avons cherché à l'intérieur de nous-même quelle était notre place légitime dans la vie ainsi que la force de nous y réaliser.

12. Nous étant rétabli par la pratique de ces étapes, nous avons essayé de transmettre notre expérience à d'autres et de mettre en pratique les principes qui sous-tendent les étapes dans tous les domaines de notre vie.

Ce texte, adapté du texte des étapes figurant dans Douze Traditions (le Service des publications françaises de AA, Montréal, 1986) *a été rédigé par le groupe AA francophone Les Libres-penseurs.*

Les douze étapes d'un humaniste

1. Nous reconnaissons que toutes nos tentatives pour arrêter de boire ont échoué.

2. Nous croyons que nous devons chercher de l'aide quelque part.

3. Nous cherchons de l'aide auprès de nos semblables, hommes ou femmes, qui se sont débattus avec le même problème que nous.

4. Nous avons fait la liste des occasions où nous risquions le plus de boire.

5. Nous avons demandé à nos amis de nous aider à éviter ces occasions.

6. Nous consentons à accepter leurs conseils.

7. Honnêtement, nous espérons qu'ils nous aideront.

8. Nous avons fait la liste de toutes les personnes à qui nous avons fait du tort et à qui nous nous excuserons.

9. Nous mettrons tout en œuvre pour faire ces excuses tout en veillant à ne pas faire plus de mal que de bien.

10. Nous allons continuer à faire ce genre de liste au besoin et suivant les circonstances.

11. Nous sommes reconnaissant envers ceux qui nous ont aidé et qui continuent à le faire.

12. En retour, nous convenons de porter secours à ceux et celles qui pourraient avoir besoin de nous comme nous avons eu besoin des autres.

La version humaniste nous vient de B.F. Skinner (1904-1990) et elle a d'abord été publiée en 1987. À l'exception des étapes qui se résument en un mot ou en un concept, c'est le plus court des textes des « étapes vues autrement ». Skinner, grand auteur et chercheur à l'université Harvard a été couronné Humaniste de l'année en 1972.

Les douze étapes pour un rétablissement fondé sur la pensée réaliste

1. Je ne peux plus nier ma dépendance et je reconnais qu'elle me donne parfois un sentiment d'impuissance, sans compter que, du temps où je la niais ou ne la reconnaissais pas, tant mes décisions que mes choix étaient destructeurs.

2. J'ai fini par croire que de penser de façon rationnelle et réaliste pourrait guérir mon esprit malade.

3. En recourant à la pensée réaliste et rationnelle, je vais m'aider et laisser les autres m'aider aussi et plus jamais je ne laisserai mon esprit de toxicomane gérer ma vie et ma volonté.

4. Je ferai un bilan réaliste et rationnel de mes pensées, de mes sentiments et de mes comportements positifs et négatifs sans tomber dans la honte ni la culpabilité. Le but de l'exercice est de voir où mes décisions et mes actes n'étaient ni réalistes ni rationnels.

5. Le temps est venu de m'avouer la vraie motivation derrière ces pensées, sentiments et comportements, les positifs comme les négatifs ; je pourrai alors, si j'en ai envie, revoir et analyser ce bilan avec une autre personne, sauf si cet échange me met moi-même ou met d'autres personnes à risque.

6. J'accepte entièrement que la pensée rationnelle ou la pensée réaliste mettent en lumière mes réactions stéréotypées : pensées et agissements de toxicomane.

7. Je remplacerai ma façon de penser et mes attitudes de toxicomane par la pensée réaliste et la pensée rationnelle.

8. Je ferai la liste de toutes les personnes à qui j'ai fait du tort et qui m'en ont fait, en essayant de voir si les évènements n'ont pas eu un rôle dans l'expression de ma dépendance.

9. Je m'engage à m'excuser là où il le faut et à laisser les autres s'excuser aussi, sauf si faire amende honorable est dangereux pour moi et pour les autres personnes en cause.

10. Je vais poursuivre la pratique du bilan ; si je constate que mes idées, mes émotions et mes comportements ne sont ni réalistes ni rationnels, je l'admettrai aussitôt.

11. Je chercherai à aiguiser davantage ma perception de la réalité de façon à distinguer ce qui est réel et rationnel de ce qui ne l'est pas ; de la même manière, je développerai mes réflexes pour reconnaitre mes idées et mes comportements dangereux et je renforcerai ma volonté de ne pas y retourner.

12. Grâce aux principes qui précèdent, j'ai acquis une conscience de moi réaliste et rationnelle, c'est-à-dire n'ayant rien à voir avec mes stéréotypes de toxicomane ; je mettrai donc ces principes en pratique dans tous les domaines de ma vie et, avec joie, je les expliquerai à quiconque croirait pouvoir en tirer quelque chose de bon.

L'auteur de ces étapes, Mike H., explique avoir fait de la Réalité sa puissance supérieure : « J'ai choisi la Réalité comme puissance supérieure parce que c'est la Réalité que me faisaient fuir et nier mes dépendances. »

SOS - Les douze engagements

1. J'ai un problème qui met ma vie en danger. Jusqu'ici mes efforts pour arrêter de boire n'ont servi à rien. Je considère aujourd'hui que j'ai des choix et que ma vie ne doit plus nécessairement être ingérable. J'accepte l'idée que je suis responsable de moi-même et responsable de mon rétablissement.

2. Je crois qu'une puissance m'habite et qu'une fois alliée à des appuis et à des forces dont je ne connais pas moi-même la nature ni le mode d'action, cette puissance va agir dans ma vie physique et dans ma vie spirituelle en rendant l'une et l'autre plus saines et équilibrées et en me dotant d'un état d'esprit positif.

3. Je décide d'être responsable de ma vie et de ma volonté, mais aussi de les remettre aux soins de ceux qui m'encouragent et aux soins de la sagesse et de l'expérience de ceux et celles qui sont venus avant moi et qui ont dû lutter tout comme moi.

4. Je vais sereinement faire un relevé détaillé de mes forces et de mes faiblesses. Je choisis de ne pas laisser les difficultés me submerger et de me concentrer sur ma croissance personnelle et sur l'acceptation inconditionnelle des autres et de moi-même.

5. Je m'avoue à moi-même, et, si je le veux, je reconnais devant une ou plusieurs personnes, la vraie nature des aspects négatifs, préjudiciables de mes comportements et de ma façon de penser. J'examine aussi ce qu'il y a de bon en moi : mes qualités, comme le courage et la compassion.

6. Je m'occupe essentiellement de ma guérison, sans honte ni remords, en établissant clairement où commence et ou s'achève ma part de responsabilité. J'accueille l'aide et les encouragements des autres dans cette difficile période de changement.

7. Je procède avec enthousiasme à mon introspection et je m'efforce de pallier mes lacunes. Pour m'intégrer à la communauté des humains, je travaille à ma croissance et à mon épanouissement personnel plutôt que de viser la perfection.

8. Je penserai à ceux et à celles à qui j'ai fait du mal et à ceux et celles qui m'en ont fait. Un jour, je regarderai ce que je ressens en évoquant l'un ou l'autre type de situations.

9. Je ferai des excuses directement et de façon appropriée et responsable à moi d'abord, puis à ceux et celles à qui j'aurai causé du tort ou impacté la vie négativement.

10. Je m'engage à continuer de m'évaluer de façon aussi honnête que significative et m'efforcerai de toujours m'améliorer.

11.　Je chercherai à approfondir ma conscience et ma compréhension de mon alcoolisme, de moi-même et des autres personnes ou organismes ayant comme objectif de mettre fin à la dépendance à l'alcool.

12.　Grâce à ma sensibilité et à mon attitude d'acceptation récentes, je m'efforcerai de mettre au premier plan l'attention aux autres et à moi-même de même que la compassion envers les autres et envers moi-même.

Les douze étapes modifiées présentées ici sont affichées sur le site du mouvement SOS (Secular Organization for Sobriety ou Save our Selves), ou, en français, Organisation laïque pour l'abstinence (OLA). Ce dernier n'a pas recours à un programme de douze étapes parce qu'il n'en sent pas le besoin. Cependant, sa formule de forum pour libres penseurs laisse à chaque personne se réclamant de SOS (OLA) le choix de se servir de tout outil de rétablissement qui lui convient, peu importe la nature de sa dépendance.

Les douze étapes, version non théiste

1. Nous admettons n'avoir aucune emprise sur les autres ou sur les imprévus pas plus que sur nos comportements négatifs récurrents; dès que nous oublions cette réalité, nos vies sont ingérables.

2. Nous en sommes venu à croire que des ressources spirituelles pourraient favoriser notre rétablissement.

3. Nous avons décidé d'être perméable à une énergie spirituelle pour appuyer l'opération de transformation que nous comptons délibérément mener dans nos vies.

4. Nous procédons honnêtement et minutieusement à un examen de nous-même pour connaitre la vraie motivation de nos actes, de nos pensées et de nos émotions.

5. Nous parlons de notre vraie nature avec quelqu'un.

6. Nous consentons sans hésitation à reconnaitre notre force indéfectible et à laisser aller nos défauts.

7. Humblement et avec courage et honnêteté, nous travaillons à développer nos qualités et à nous libérer de nos défauts.

8. Nous dressons la liste de tous ceux et celles, y compris nous-même, à qui nous avons fait du tort et consentons à nous excuser auprès de chacune de ces personnes. D'avance, nous pardonnons à ceux qui nous ont nui.

9. Partout où c'est possible et là où cela ne risque pas d'être préjudiciable à qui que ce soit, nous faisons des excuses sincères à ceux et celles à qui nous avons fait du tort, y compris nous-même.

10. Nous continuons à faire notre inventaire personnel; nous prenons bonne note de nos réussites et nous corrigeons promptement nos erreurs et nos faux pas.

11. Nous recourrons de plus en plus à notre énergie et à notre conscience spirituelle pour mieux profiter de la vie et pour que grandissent notre force et notre sagesse indéfectibles.

12. Nous mettons en pratique ces principes résumés en douze étapes et nous transmettons à d'autres le message qu'elles contiennent.

En 1991, paraissait The Alternative 12 Steps: A Secular Guide to Recovery *(Les étapes adaptées ou Guide laïc vers l'abstinence). Les auteures, Martha Cleveland, psychologue, et Arlys G., alcoolique en sursis, y expliquent, étape par étape, leur vision non théiste du mode de vie AA. L'ouvrage mentionné (réédité en 2014) est aussi innovant que capital eu égard à ce mode de vie.*

White Bison : douze valeurs, douze étapes

1.   Honnêteté

2.   Espoir

3.   Foi

4.   Courage

5.   Intégrité

6.   Bonne volonté

7.   Humilité

8.   Pardon

9.   Justice

10.   Persévérance

11.   Éveil spirituel

12.   Service

Le traitement des dépendances de la société White Bison s'appuie sur la « roue médicinale » et, de ce fait, est parfaitement adapté à la culture amérindienne. Dans cette simple liste numérotée, chaque étape est représentée par la valeur morale qui la définit. Au cours des réunions, les participants, assis en cercle, partagent leurs expériences et leur point de vue sur les étapes.

Les 12 étapes laïques
pour le rétablissement des toxicomanes

1. J'ai admis que je suis toxicomane (alcoolique) et que ma vie est aujourd'hui ingérable.

2. Je crois aujourd'hui que l'honnêteté et mes efforts, combinés à l'aide d'autres toxicomanes, me libèreront de ma dépendance.

3. J'ai décidé de travailler du mieux que je peux un programme de rétablissement en douze étapes.

4. J'ai fait sereinement mon inventaire moral exhaustif.

5. J'ai partagé honnêtement avec un autre être humain les résultats de cet inventaire, sans oublier mes défauts.

6. J'ai consenti à travailler sur mes déficiences.

7. J'ai accepté la responsabilité de mes actes.

8. J'ai dressé la liste de toutes les personnes à qui j'ai fait du tort et décidé de faire amende honorable.

9. J'ai fait des excuses directement à ces personnes partout où c'était possible, sauf si ma démarche devait leur nuire ou nuire à d'autres.

10. J'ai continué la pratique de l'inventaire et promptement admis mes torts.

11. J'ai cherché à améliorer ma compréhension des principes et des valeurs éthiques et à les laisser guider systématiquement tous mes actes et décisions.

12. Ayant acquis de la maturité en pratiquant ces étapes, je m'appliquerai à aider les autres et à insérer ces principes dans ma vie de tous les jours.

Ces douze étapes sont tirées du livre de Bill W. (un contemporain) paru en 2018 : Twelve Secular Steps: An Addiction Recovery Guide *(Douze étapes laïques pour se libérer d'une dépendance).*

Les douze étapes, version bouddhiste non théiste

1.   Nous avons reconnu notre désir irrépressible de boire et ses effets sur notre vie.

2.   Nous avons finalement cru qu'une Puissance plus grande que nous-même pourrait nous rendre la raison.

3.   Nous avons décidé de prendre refuge dans cette Puissance telle que nous la comprenons.

4.   Nous avons minutieusement procédé à un inventaire moral de nous-même.

5.   Nous avons révélé à nous-même et à une autre personne le vrai portrait moral de notre passé.

6.   Nous avons constaté que le temps était venu de commencer notre transformation personnelle.

7.   Grâce à l'aide des autres et nous appuyant sur notre détermination indéfectible, nous avons éradiqué les aspects négatifs de notre personnalité et mis en valeur nos qualités.

8.   Nous avons dressé la liste des personnes à qui nous avions fait du tort.

9.   Partout où c'était possible, nous avons fait des excuses directement à ces personnes, sauf si cette démarche risquait de faire du tort à quelqu'un. De plus, nous avons sincèrement essayé de pardonner à ceux qui nous avaient fait du mal.

10.   Nous avons continué à scruter nos gestes et nos motivations ; constatant que nous agissions de façon inadéquate, nous avons immédiatement reconnu nos torts.

11.   Par la pratique assidue de la méditation, nous avons amélioré notre contact conscient avec notre vrai soi et cherché à le dépasser. Nous avons également eu recours à la prière pour nous aider à développer des attitudes positives et un bon état d'esprit.

12.   La pratique des étapes ayant enrichi notre spiritualité, nous avons appliqué les principes que contiennent celles-ci dans tous les domaines de notre vie et fait en sorte que notre message soit accessible à toute personne voulant mettre fin à sa dépendance.

Nous devons la version bouddhiste non théiste à Bodhi, qui habite Sydney en Australie. Mike H. l'a affichée sur son site Realistic Recovery. D'après Bodhi : « Le bouddhisme ne s'appuie sur aucune doctrine théiste, mais suggère des façons de connaitre un éveil spirituel sans nécessairement croire en Dieu. »

Les douze étapes, version bouddhiste

1. Nous avons admis notre impuissance devant notre besoin addictif de boire et reconnu que notre vie était devenue ingérable.

2. Nous croyons désormais que seule une Puissance supérieure à nous-même peut nous rendre la santé physique et mentale.

3. Nous avons décidé de prendre refuge dans la compassion et l'aide d'une Puissance Supérieure telle que nous la définissons et en qui nous avons confiance.

4. Nous avons sereinement et minutieusement procédé à un bilan moral de nos pensées, de nos paroles et de nos actions.

5. Nous avons reconnu devant nous-même, devant notre Puissance Supérieure et devant une autre personne la vraie nature de nos pensées, de nos paroles et de nos actions.

6. Nous avons alors pleinement consenti à ce que notre Puissance Supérieure transforme nos côtés malsains en qualités éthiques.

7. Nous avons confié nos côtés négatifs à notre Puissance Supérieure pour qu'elle les transforme en qualités éthiques.

8. Nous avons dressé la liste de toutes les personnes à qui nous avons fait du tort et consenti à nous excuser auprès d'elles.

9. Partout où c'était possible, nous nous sommes excusé à ces personnes directement, sauf si notre démarche risquait de leur nuire ou de nuire à d'autres.

10. Nous avons continué à exercer notre pleine conscience sur notre mental, sur nos paroles et sur nos actions ; nous avons immédiatement reconnu notre erreur lorsque nos interventions étaient inadéquates.

11. Par la prière et la méditation, nous avons cherché à approfondir notre contact conscient avec notre Puissance Supérieure (telle que nous l'avons définie) pour mieux comprendre son plan bienveillant à notre endroit et pour avoir la force de le réaliser.

12. Ayant connu un réveil spirituel comme résultat de la mise en pratique des étapes, nous avons transmis notre message à ceux et celles qui ont besoin de sortir de leur dépendance et nous avons essayé d'appliquer les principes contenus dans ces douze étapes à tous les domaines de notre vie.

Le Buddhist Recovery Network a mis sur son site un texte inédit de Doug C. intitulé « A Buddhist's Insight into the 12 Steps of Recovery ». Cette organisation encourage l'utilisation des principes contenus dans les enseignements, les traditions et les pratiques du bouddhisme, particulièrement la méditation et la pleine conscience, qui devraient aider ceux et celles qui sont dans la souffrance de leurs comportements addictifs.

Les douze étapes de rétablissement, version musulmane

1. Nous avons admis que nous avons négligé notre Soi supérieur et que notre vie était ingérable.

2. Nous en sommes venu à croire qu'Allah voudrait et pourrait nous rendre la santé mentale et la santé physique.

3. Nous avons décidé de confier notre volonté à la volonté d'Allah.

4. Sereinement, nous avons procédé à un bilan minutieux de nous-même.

5. Nous avons avoué à Allah et à nous-même la vraie nature de nos torts.

6. Après avoir demandé à Allah de nous guider dans la bonne direction, nous étions tout à fait prêt et prête à laisser Allah nous enlever nos défauts.

7. Nous avons humblement demandé à Allah de nous débarrasser de nos déficiences.

8. Nous avons dressé la liste des personnes à qui nous avions fait du tort et accepté de nous excuser auprès de chacune d'elles.

9. Partout où c'était possible, nous nous sommes excusé à ces personnes directement, sauf si notre intervention risquait de leur nuire ou de nuire à d'autres.

10. Nous avons poursuivi la pratique du bilan et avons admis nos torts dès que nous nous en sommes aperçu.

11. Par la prière (saalat) et par la lecture menant à la saisie de toutes choses (iqra'), nous avons cherché à améliorer notre compréhension de la taqwa (conscience d'être avec Dieu, amour et respect du Créateur) et d'ishan (même si nous ne voyons pas Allah, Allah nous voit).

12. Notre foi (iman) s'étant raffermie et notre taqwa s'étant approfondie par la pratique des étapes nous avons transmis notre message à toute l'humanité et commencé à appliquer les principes qui définissent les douze étapes dans tous les domaines de notre vie.

Les États-Unis comptent quelque 20 groupes Millati Islami; ces derniers utilisent les douze étapes formulées ci-dessus. Créé en 1989 à Baltimore, le mouvement Millati Islami essaie de conjuguer le mode de vie musulman et l'approche traditionnelle des douze étapes.

Les douze étapes des Autochtones

1. Nous avons admis notre impuissance devant l'alcool et reconnu que nos vies étaient aujourd'hui ingérables.

2. Nous en sommes venu à croire qu'une force plus grande que la nôtre pouvait nous aider à nous reprendre en main.

3. Nous avons décidé de demander de l'aide à une Puissance Supérieure et à des personnes qui comprenaient notre problème.

4. Nous avons ménagé du temps pour réfléchir à nos forces et à nos faiblesses et nous nous sommes interrogé sur nous-même.

5. Nous avons reconnu devant le Grand Esprit et devant une autre personne les aspects malsains de notre personnalité et nous nous les sommes avoués à nous-même.

6. Nous voulons, avec l'aide du Grand Esprit, commencer à changer.

7. Nous avons humblement demandé à nos amis et à une Puissance Supérieure de nous aider à changer.

8. Nous avons dressé la liste des personnes affectées par notre façon de boire et nous avons voulu réparer le mal que nous avions ainsi fait.

9. Dès que nous le pourrons, c'est notre intention d'aller redresser les torts causés à chacune des personnes de notre liste, sauf si notre démarche leur était encore plus préjudiciable.

10. Nous avons continué à réfléchir sur nos forces et sur nos faiblesses et, si nous étions sur la mauvaise voie, nous le reconnaissions.

11. Nous avons prié en ne demandant pour nous que la force de toujours rester dans le droit chemin.

12. Nous avons essayé d'aider d'autres alcooliques et de mettre les principes définis par les étapes dans tout ce que nous faisions.

Nous devons les douze étapes des Autochtones au Umatilla Tribal Alcool Program; on retrouve cette version sur le site du Young Warriors Network. Ce dernier organisme s'est donné pour mission de soulager la souffrance des Métis et des peuples des Premières Nations au Canada.

Les douze étapes, version individualisée

1. Nous avons admis souffrir d'une dépendance physique et mentale qui ne nous laissait apparemment que peu d'espoir.

2. Nous en sommes venu à croire que nous pouvions guérir de cette dépendance.

3. Petit à petit, nous avons remis en question notre façon de voir la vie et d'y faire face.

4. En toute sérénité, nous avons minutieusement procédé à un bilan moral de nous-même.

5. Nous avons revu cet inventaire avec un autre personne.

6. Nous nous sommes senti tout à fait disposé à changer.

7. Nous avons humblement déclaré notre désir de changer.

8. Nous avons fait la liste de toutes les personnes à qui nous avions fait du tort et avons consenti à nous excuser auprès de chacune d'elles.

9. Partout où c'était possible, nous avons réparé directement le tort que nous avions causé à ces personnes.

10. Nous avons poursuivi la pratique de l'inventaire et avons reconnu nos torts dès que nous nous en sommes aperçu.

11. Par la méditation, nous avons cherché à mieux savoir qui nous étions, à mieux voir notre propre évolution et à mieux comprendre notre programme.

12. La pratique des étapes nous a fait évoluer; nous avons alors essayé de transmettre notre message à d'autres alcooliques et de mettre en pratique dans tous les domaines de notre vie les principes qui sous-tendent les étapes.

Neil F. nous dit que ses douze étapes sont les balises de son propre cheminement et qu'elles lui servent de guide tant dans son rétablissement que dans sa vie de tous les jours. Il met ses étapes à la disposition d'autres alcooliques tout en incitant ceux-ci à adapter chacun pour soi les étapes originales et ainsi faciliter leur démarche et leurs chances de réussite.

Les douze étapes, version du thérapeute de Gabe

1. L'alcool, nous ne pouvions pas vivre avec, nous ne pouvions pas vivre sans. Notre vie et nos relations étaient en miettes.

2. Parler avec des gens qui avaient vécu notre problème ou qui le comprenaient nous a donné espoir.

3. Nous avons décidé d'écouter ces personnes et d'acquiescer à leurs suggestions.

4. Nous avions besoin d'assumer nos comportements passés, les négatifs comme les positifs.

5. Nous avons parlé de ces comportements avec quelqu'un.

6. Nous avons reconnu les agissements qui avaient modelé notre vie et admis qu'il fallait en changer.

7. Nous avons demandé l'aide appropriée pour obtenir des résultats.

8. Nous avons fait la liste des personnes dont la vie avait été affectée par nos agissements et nos attitudes et nous en sommes venu à vouloir réparer nos torts envers elles.

9. Partout où c'était possible, nous avons réparé les torts que nous avions causés en prenant soin de ne pas empirer le mal, ni pour nous ni pour les personnes lésées.

10. Quotidiennement, nous avons examiné nos actions et les avons assumées.

11. Nous avons essayé de trouver notre place dans la vie et de rentrer en contact avec qui nous étions vraiment.

12. Nous étions finalement prêt à aider d'autres alcooliques en les amenant sur la même voie que nous.

Gabe S. s'est inspiré des étapes de son thérapeute. Les douze étapes ci-dessus sont fondées sur l'approche psychologique du programme de rétablissement de l'alcoolisme. Or, cette orientation est celle des AA depuis le premier jour du mouvement.

Les douze étapes de ma prise en main

1.   Je me rends compte que je ne peux rien contre ma consommation.

2.   Je prends conscience qu'un éveil spirituel m'aidera peut-être à trouver une façon de m'en sortir.

3.   Je m'engage à suivre la voie que j'aurai choisie et à ne pas m'en écarter.

4.   J'ai le courage de regarder en moi pour mettre au jour tous les obstacles qui ont empêché ma croissance personnelle et spirituelle.

5.   Je m'engage à regarder honnêtement le mal que ma consommation a causé autour de moi.

6.   Je change mon mode de vie pour développer mon potentiel d'être humain.

7.   Ma force et mon potentiel de croissance sont pour moi une source de fierté.

8.   Je vais faire tout ce que je peux pour réparer le mal que j'ai fait aux autres et à moi-même.

9.   J'aiderai les autres de toutes les façons possibles.

10.   Je vais prendre conscience de qui je suis et rester sur la voie où j'ai choisi de m'engager.

11.   Je continuerai à développer mon potentiel en aidant les autres et je m'efforcerai d'atteindre la pleine conscience de moi-même et de tout ce qui vit autour de moi.

12.   Je continuerai à développer ma spiritualité et mon potentiel d'être humain et j'aiderai concrètement les autres alcooliques qui n'arrivent pas à régler leur problème.

Ces douze étapes ont été empruntées à un article cosigné par Christine Le, Erik P. Ingvarson et Richard C. Page, « Alcoholics Anonymous and the Counseling Profession: Philosophies in Conflict », paru en 1995 dans le numéro juillet-aout de The Journal of Counseling & Development.

Les douze étapes d'Océane

1. J'ai compris que je ne pourrais jamais arrêter de boire ni mener une vie normale.

2. Je me suis dit que ça valait peut-être la peine de confier la solution de mon problème à quelqu'un qui s'en était déjà sorti.

3. J'ai décidé de suivre les suggestions de ceux qui s'en étaient sortis.

4. En toute sérénité, j'ai fait honnêtement le bilan moral de mes plus et de mes moins dans ma vie passée.

5. J'ai partagé ce bilan avec un autre être humain.

6. Il est devenu clair que je devais changer pour mener une vie normale et sans alcool.

7. J'ai cherché de l'aide auprès de mes amies alcooliques comme auprès des professionnels compétents, notamment en toxicomanie.

8. J'ai fait la liste des personnes que mon alcoolisme avait blessées et j'ai cherché la motivation de mes actes.

9. J'ai présenté mes excuses à ceux que j'avais blessés et, si possible, je les ai compensés.

10. Je fais tous les soirs un bilan de ma journée en me promettant de travailler sur mes lacunes les plus évidentes.

11. Par la méditation, je me connecte sur l'Être en moi et j'essaie d'écouter ma petite voix intérieure ; je fais confiance à cette voix que j'appelle mon intuition.

12. En appliquant les étapes, j'ai connu un éveil spirituel qui m'amène, d'une part, à partager ma méthode avec d'autres alcooliques et, d'autre part, à appliquer mon mode de vie dans tous les domaines de ma vie.

À son arrivée chez les AA, Océane n'avait jamais reçu d'enseignement religieux. Sa thérapeute, auprès de qui elle cherchait une solution pour sortir de son alcoolisme, lui a proposé d'écrire, avec elle, les étapes à sa manière. Les étapes d'Océane sont le résultat.

Les douze étapes pragmatiques

1. Nous avons un jour admis que nous étions dans une spirale d'autodestruction et que nous n'avions aucun moyen de nous en échapper.

2. Nous avons accepté l'idée que nous étions capable d'adopter un mode de vie sain si nous bénéficiions de l'encouragement des autres et que nous nous améliorions de façon constante.

3. Nous avons décidé de vivre pour notre rétablissement et, par conséquent, de ne travailler que sur ce qui dépendait de nous.

4. Nous avons dressé la liste exhaustive de nos ressentiments, de nos peurs et de ceux de nos comportements qui avaient nui à d'autres.

5. Nous avons partagé le contenu de cette liste avec une personne de confiance.

6. Nous avons fait la liste de nos traits de caractère négatifs.

7. Nous avons commencé à cultiver des comportements normaux en agissant autant que possible de façon positive.

8. Nous avons décidé de la meilleure façon de réparer nos torts envers les personnes que nous avions lésées.

9. Nous avons présenté nos excuses aux personnes à qui nous avions fait du tort, sauf lorsque notre démarche risquait de nuire à quelqu'un.

10. Nous avons continué notre introspection et réparé nos torts quand il le fallait.

11. Nous avons commencé à pratiquer la méditation.

12. Nous avons tenté de protéger nos acquis en nous entourant de personnes saines et en enseignant les étapes du rétablissement à ceux et celles disposés à les entendre.

Jeffrey Munn est l'auteur de Staying Sober Without God: The Practical 12 Steps to Long-Term Recovery from Alcoholism and Addictions. *Ce livre a paru en janvier 2019.*

Mes douze étapes

1

2

3

4

5

6

7

8

9

10

11

12

Partie 2 :
Interprétations des douze étapes

Introduction

Quatre interprétations de chacune des étapes

Introduction

Comme nous l'écrivions dans l'introduction générale, il y a au moins autant d'interprétations des étapes que d'alcooliques qui les vivent.

L'analyse qui compte le plus, c'est celle de la personne qui nous lit, c'est-à-dire vous. C'est pourquoi dans les pages qui suivent, nous avons aménagé des champs pour ceux et celles qui désirent y rédiger leur interprétation des étapes.

Pour donner aux lecteurs une idée de la variété des interprétations du mode de vie AA, nous avons retenu les analyses de quatre spécialistes. Nous ne donnons pas plus notre aval à ces points de vue que nous ne les rejetons. Cependant, nous les trouvons assez intéressants pour les partager avec nos camarades alcooliques.

Parmi nos invités, le premier à s'exprimer est un homme mondialement reconnu comme expert en théorie du rétablissement. Il est l'auteur chez l'éditeur Hazelden de grands succès, dont son livre phare *12 Stupid Things That Mess Up Recovery* (2008) (Douze bêtises pour rater son rétablissement). Il est aussi l'auteur de *12 Smart Things to Do When the Booze and Drugs Are Gone* (2010) (Douze bonnes idées pour vivre une rupture avec la drogue ou l'alcool) et *12 Hidden Rewards of Making Amends* (2012) (Douze bienfaits insoupçonnés d'une amende honorable).Il est largement connu pour ses travaux dans divers domaines : sobriété émotionnelle, travail auprès des malades pour leur faire comprendre les bénéfices des thérapies de groupe, assistance aux familles dans leur adaptation aux changements reliés au rétablissement de l'un des leurs, formation de thérapeutes et d'agents de counseling, conjonction de la psychothérapie moderne et des douze étapes des Alcooliques anonymes. Les interprétations que nous lui empruntons sont tirées de *The Therapeutic Value of The 12 Steps* (La valeur thérapeutique des douze étapes).

La deuxième série d'interprétations est de la docteure Stephanie Covington. Ces interprétations s'inspirent directement de son livre *A Woman's Way Through the Twelve Steps* (Une femme sur la voie des douze étapes). Stephanie Covington fait figure de pionnière dans le domaine des toxicomanies féminines et du rétablissement des femmes. Riche de sa connaissance du caractère particulier des thérapies destinées aux femmes, elle a mis au point une méthode originale pour femmes seulement et tenant compte des traumatismes.

Parmi ses clients, elle compte, entre autres, le Betty Ford Treatment Center et l'Office des Nations Unies contre la drogue et le crime ; aux États-Unis, elle a travaillé pour de nombreux organismes privés et publics œuvrant dans le monde de la réadaptation, y compris en milieu correctionnel.

D'après Linda R., auteure de la recension du livre de Stephanie Covington sur le site AA Agnostica, les Étapes y sont présentées comme des outils pour aider les femmes alcooliques à identifier leurs valeurs profondes, à trouver leur moi intime et à vivre une vie en accord avec ces valeurs. Ces dernières devraient se refléter dans toutes les actions des femmes rétablies et dans leurs relations avec leur entourage. Depuis 1994, date de sa parution, *A Woman's Way* est le livre de chevet de nombre de femmes chez les AA. On ne s'étonnera pas que les textes des interprétations de Stephanie Covington soient au féminin.

Notre troisième invité est le Dr Gabor Maté. Ce médecin canadien d'origine hongroise a déjà travaillé au Portland Hotel, centre d'accueil et de traitement pour toxicomanes situé dans un quartier dur de Vancouver, le Downtown Eastside. Dans l'introduction de son livre *Les dépendances, ces fantômes insatiables*, il écrit :

> *C'est le monde de la dépendance, un monde dans lequel nous cherchons inlassablement en dehors de nous-mêmes quelque chose qui saura calmer un insatiable désir de soulagement ou d'accomplissement.*

Nous reproduisons à peu de choses près les interprétations que le Dr Maté présente des douze étapes dans l'annexe de son livre. L'annexe s'ouvre ainsi :

> *Bien que je n'aie pas suivi de programmes en 12 étapes, j'accorde beaucoup de valeur à la démarche qu'ils préconisent et j'en reconnais l'efficacité. Cette démarche aide de nombreuses personnes à vivre dans la sobriété – ou du moins dans l'abstinence. Comme je l'ai expliqué au chapitre 32, l'abstinence consiste à se discipliner afin d'éviter toute substance ou tout comportement révélant une dépendance. La sobriété consiste à cultiver un état d'esprit visant non pas à nous tenir éloignés de l'objet de notre dépendance, mais à vivre une vie motivée par des valeurs et des intentions positives. La sobriété nous amène à vivre dans le moment présent, sans être menés par des fantômes du passé ou tourmentés par des fantasmes et des craintes au sujet de l'avenir.*

Finalement, la bouddhiste pratiquante Thérèse Jacobs-Stewart donne son interprétation des étapes à partir de son livre *Mindfulness and the 12 Steps*. Madame Jacobs-Stewart est thérapeute et se qualifie de personne en rétablissement. En 2004, elle a créé à St. Paul, Minnesota, le Mind Roads Meditation Center où se tiennent des réunions consacrées aux étapes ou à la pleine conscience.

Et puis, nous avons inséré un champ pour que vous qui nous lisez, notiez comment vous comprenez chacune des étapes. Si vous décidez d'aller de l'avant, prenez votre temps, car comme nous l'avons précisé antérieurement, notre opinion sur les étapes change généralement avec le temps. Vous constaterez aussi que votre conception des étapes évoluant, vous y reviendrez de temps à autre.

Quand il s'agit de « travailler » les étapes, rien de plus normal que d'accepter l'invitation si souvent entendue après une réunion AA : « Reviens, ça marche ».

<table>
<tr><td colspan="2"><h2 align="center">Première étape</h2></td></tr>
<tr><td>Allen Berger</td><td>C'est l'étape qui nous aide à réduire en miettes notre faux moi, qui s'est bâti sur un manque de connaissance de soi, de faible estime de soi et d'absence de communications, sans compter le déni et les compulsions d'ordres mental, physique et spirituel.</td></tr>
<tr><td>Stephanie Covington</td><td>Pour se rétablir, il faut d'abord regarder à l'intérieur de soi et ainsi commencer à être de plus en plus honnête avec soi-même. Pourquoi est-ce essentiel? Parce que le mensonge est le moteur de toute addiction. Or, nous sommes habituée de cacher ce que nous ressentons et ce en quoi nous croyons. (Version originale en anglais, p. 15)</td></tr>
<tr><td>Gabor Maté</td><td>Cette première étape est celle où l'on reconnait l'impact négatif de notre dépendance sur notre vie. Elle est la victoire de la vérité sur le déni. Nous voyons clairement que toutes nos stratégies et nos résolutions [...] ne nous ont jamais libérés de notre dépendance et de tous ses mécanismes à l'œuvre au plus profond de nos cerveaux, de nos émotions et de nos agissements. (Les dépendances, ces fantômes insatiables, p. 403)</td></tr>
<tr><td>Thérèse Jacobs-Stewart</td><td>En ouvrant nos cœurs et en reconnaissant que nous ne pouvons rien contre l'alcool, la drogue ou tout autre objet de compulsion, nous nous rappelons que nous faisons partie du grand Nous. (Version originale en anglais, p. 11)</td></tr>
</table>

<table>
<tr><th colspan="2" align="center">Deuxième étape</th></tr>
<tr><td>Allen Berger</td><td>L'espoir est un ingrédient essentiel dans tout traitement. Ici, on nous donne de l'espoir, mais nous prenons aussi davantage conscience que nous ne serons pas capable de régler notre problème par nos propres moyens.</td></tr>
<tr><td>Stephanie Covington</td><td>En quoi ou en qui croire? À qui faire confiance? Rappelons-nous que la vie a beaucoup moins de sens et est plus difficile si nous ne croyons en rien ni personne. (Version originale en anglais, p. 27)</td></tr>
<tr><td>Gabor Maté</td><td>« Puissance supérieure » évoque parfois, mais pas nécessairement, la croyance en un dieu quelconque. En fait, avoir recours à une Puissance supérieure, c'est se mettre à l'écoute d'une vérité supérieure à nos désirs immédiats et aux peurs de notre égo. (Dans Les dépendances, ces fantômes insatiables, le chapitre 34 est entièrement consacré à la notion de Puissance supérieure.)</td></tr>
<tr><td>Thérèse Jacobs-Stewart</td><td>Avec le temps, nos esprits compulsifs et tordus à la recherche de quelque chose de plus sont sortis du brouillard. Heureusement, il y avait à notre disposition les pratiques millénaires de la méditation et de la pleine conscience. (Version originale en anglais, p. 20)</td></tr>
</table>

Troisième étape	
Allen Berger	La troisième étape concerne l'implication. Nous devons nous engager à trouver une façon de vivre plus efficace que notre mode de vie actuel.
Stephanie Covington	On le sait, ce n'est pas parce qu'une chose est simple qu'elle est facile. La troisième étape dit que nous avons renoncé à notre volonté. Quand nous nous accrochons à cette volonté, c'est-à-dire à notre détermination déchainée, pour que les choses se fassent toujours à notre manière, nous nous mettons forcément en situation de conflit. Nous résistons à la vie plutôt que de couler avec elle. (Version originale en anglais, p. 51)
Gabor Maté	Le mot « Dieu » a une connotation religieuse pour de nombreuses personnes. Mais, pour beaucoup d'autres, il évoque le fait d'en référer aux vérités universelles et aux valeurs supérieures qui forment le noyau spirituel de tous les êtres humains, mais auxquelles résiste par peur notre égo avide, anxieux ou conditionné par le passé. (*Les dépendances, ces fantômes insatiables*, p. 404)
Thérèse Jacobs-Stewart	Nous décidons de renoncer à l'illusion de contrôler quoi que ce soit; nous nous tournons plutôt vers une triple pratique d'ordre spirituel : prendre refuge dans l'éveil (bouddha), dans la voie de la conscience, de la compréhension et de l'amour (dharma) et dans l'assemblée sublime (sangha). (Version originale en anglais, p. 30)

Quatrième étape	
Allen Berger	Fondamentalement, à cette étape, nous cherchons à mieux nous connaitre, à grandir en honnêteté et à mieux comprendre nos comportements.
Stephanie Covington	Lorsque la culpabilité pèse lourd sur nos épaules, l'idée de regarder notre passé nous effraie. Dans certains cas, nous avons peur de trop souffrir en pensant au mal que nous avons fait aux autres ou à nous-même. On se demande même parfois à quoi peut bien servir d'ouvrir de vieilles blessures ou de nous remémorer des scènes que nous préfèrerions oublier. Pourtant, la quatrième étape s'est avérée une agréable surprise : loin d'être l'occasion de pleurer sur nos vieux péchés, c'est surtout une opération qui nous révèle davantage à nous-même. (Version originale en anglais, p. 59)
Gabor Maté	Il ne s'agit pas d'une opération d'autocondamnation, mais du nettoyage de notre ardoise pour entamer une vie de sobriété. Nous faisons notre examen de conscience pour voir où et comment nous avons été déloyal envers nous-même et envers les autres. Il ne faudrait surtout pas nous vautrer dans la culpabilité. Nous voulons simplement nous libérer du fardeau du présent pour mieux dégager notre voie vers l'avenir. (*Les dépendances, ces fantômes insatiables*, p. 404)
Thérèse Jacobs-Stewart	La quatrième étape nous demande de regarder les aspects de nous-même dont nous sommes peu fiers, ceux que nous rejetons et que, par honte ou par peur, nous gardons cachés. (Version originale en anglais, p. 49)

<table>
<tr><td colspan="2" align="center">Cinquième étape</td></tr>
<tr><td>Allen Berger</td><td>Nous découvrons les nombreux avantages de nous ouvrir aux autres en toute authenticité et nous comprenons la richesse des relations saines. La cinquième étape vient encore châtier notre orgueil et déboulonner l'idée que nous nous faisons de nous-même. Elle est l'étape de l'humilité et de l'honnêteté accrues.</td></tr>
<tr><td>Stephanie Covington</td><td>La cinquième étape nous apporte du réconfort. Elle nous montre comment créer avec les autres des relations d'un type qui nous était étranger. Pour cela, il faut être ouverte et vulnérable pour qu'on nous voie telle nous sommes, peut-être pour la première fois. (Version originale en anglais, p. 93)</td></tr>
<tr><td>Gabor Maté</td><td>Transcrire ou partager ce que nous avons découvert dans l'étape précédente transforme notre bilan en opération concrète. La honte d'autrefois est remplacée par le sens des responsabilités. Nous passons de l'impuissance à la capacité d'agir. (Les dépendances, ces fantômes insatiables, p. 404)</td></tr>
<tr><td>Thérèse Jacobs-Stewart</td><td>Après que nous avons reconnu nos torts et que nous nous sommes senti accepté et accueilli avec bienveillance par un autre être humain, c'est-à-dire après la cinquième étape, nous commençons à aller voir dans les profondeurs de nos esprits malades. Cette étape marque parfois le début d'un sentiment de compassion et d'amour envers nous-même. (Version originale en anglais, p. 67)</td></tr>
</table>

Sixième étape	
Allen Berger	Nous comprenons la souffrance reliée au mal que nous avons fait aux autres et à nous-même et nous commençons à dégager nos schémas comportementaux. Nous analysons ces comportements et voyons les fonctions psychologiques de nos défauts.
Stephanie Covington	Nous sommes à l'étape qui nous amène à vouloir changer, à renoncer aux habitudes et aux traits de caractère responsables des déséquilibres dans notre vie. Nous acceptons de creuser encore davantage notre personnalité et d'y voir plus clair qu'avant. (Version originale en anglais, p. 97)
Gabor Maté	Nous croyons que nous ne sommes pas nos erreurs pas plus que nous ne sommes notre manque d'intégrité, et nous nous engageons à travailler sur ces erreurs et sur notre manque d'intégrité au fur et à mesure, c'est inévitable, qu'ils referont surface. (*Les dépendances, ces fantômes insatiables*, p. 404)
Thérèse Jacobs-Stewart	Pour les Orientaux, les défauts naissent de la confusion, elle-même issue des idées trompeuses que nous avons de nous-même et des autres. La pratique de la pleine conscience sort notre esprit de cette confusion et nous mène à la racine du mal. Dès que nous prenons conscience de l'illusion où nous étions, cette dernière se dissipe. (Version originale en anglais, p. 79)

Septième étape	
Allen Berger	Nous voyons l'immense intérêt d'être vulnérable et d'aller demander de l'aide. C'est un autre grand pas vers l'humilité.
Stephanie Covington	Nous avons beau mieux nous connaitre, ça ne signifie pas que nous nous acceptons. La septième étape nous donne l'occasion de passer de la connaissance de soi à l'acceptation de soi, qui est la clé du changement. C'est d'ailleurs un des paradoxes que m'a révélés ma démarche de rétablissement. (Version originale en anglais, p. 120)
Gabor Maté	Nos déficiences veulent dire que nous sollicitons si peu notre potentiel que nous risquons de le perdre complètement de vue. Céder à nos compulsions nous procure une satisfaction immédiate. Y résister, c'est nous enrichir considérablement. L'humilité prend la place de l'orgueil, manifestation démesurée et sans espoir de l'égo. (*Les dépendances, ces fantômes insatiables*, p. 405)
Thérèse Jacobs-Stewart	L'étape précédente nous a fait sentir l'inconfortable poids de nos défauts. Nous ne voulons plus être amer, pétri de peur ni nous replier sur nous-même. Nous ne voulons plus être séparé de notre vraie nature. Pourquoi nous imposer de la cacher et de l'empêcher de s'exprimer? (Version originale en anglais, p. 100)

<table>
<tr><td colspan="2" align="center">Huitième étape</td></tr>
<tr><td>Allen Berger</td><td>Les leçons à tirer de cette étape concernent l'abc des communications normales avec les autres. Il s'agit de dire ce que nous avons à dire aux bons destinataires en étant aussi précis que possible.</td></tr>
<tr><td>Stephanie Covington</td><td>Dans nos relations, y a-t-il encore de la peur, de l'amertume, de l'hostilité, de l'animosité ? Y a-t-il quelqu'un que nous évitons ou à qui nous en voulons toujours? En travaillant plus avant la huitième, nous nous rendons compte que le verbe « léser » ou l'expression « faire du tort » ont plus d'un sens. Peut-être devrions-nous penser à des relations, « en attente de solution », peu importe que nous ayons l'impression d'avoir ou non fait du tort à quelqu'un. Y a-t-il des histoires en suspens dont nous devrions nous occuper? (Version originale en anglais, p. 122)</td></tr>
<tr><td>Gabor Maté</td><td>Nous acceptons aujourd'hui la responsabilité de tous nos péchés de commission ou d'omission à l'encontre des personnes dans notre vie. (Les dépendances, ces fantômes insatiables, p. 405)</td></tr>
<tr><td>Thérèse Jacobs-Stewart</td><td>Nous trouvons des perles parmi les ronces. La huitième étape nous invite à renoncer au déni qui nous servait d'armure contre la réalité. Fini les rationalisations, fini les justifications et fini de rejeter le blâme sur les autres. (Version originale en anglais, p. 115)</td></tr>
</table>

Neuvième étape	
Allen Berger	Nous apprenons à être responsable de nos gestes et à respecter les autres; nous comprenons aussi que nous comptons autant que n'importe qui, ni plus, ni moins.
Stephanie Covington	Que signifie faire amende honorable ?En fait, c'est reconnaitre notre part de responsabilité dans une relation problématique et exercer notre capacité de réagir de façon adéquate. Quand nous y arrivons, nous créons de l'espoir, tant pour nous que pour l'autre personne.
Gabor Maté	La neuvième étape ne nous concerne pas tant qu'elle concerne les autres. Son objectif n'est pas de nous rassurer ni d'améliorer notre image, mais de nous donner l'occasion de nous racheter là où c'est possible. La peur de mal paraitre aux yeux des autres ne doit intervenir ici en aucune façon. (*Les dépendances, ces fantômes insatiables*, p. 405)
Thérèse Jacobs-Stewart	Une fois faites nos excuses, et même si l'autre personne ne se montre pas disposée à nous pardonner, ou qu'elle n'est même pas prête à reconnaitre sa part de responsabilité dans ce qui nous a opposés, nous devons lâcher prise. Nous sommes tout de même soulagé : fini les secrets, fini les excuses, fini de faire semblant. (Version originale en anglais, p. 119)

Dixième étape	
Allen Berger	Nous voici à l'étape qui nous demande la constance dans l'humilité, l'honnêteté envers nous-même et nous met en garde contre l'orgueil démesuré.
Stephanie Covington	En pratiquant la dixième étape quotidiennement, nous décidons de ne pas arrêter de nous observer ni de réfléchir sur nos gestes; ainsi saurons-nous quand nous perdons pied ou nous faisons du tort à nous-même ou à quelqu'un d'autre. (Version originale en anglais, p. 152)
Gabor Maté	La dixième étape est l'application continue de la quatrième. Comme êtres humains, la plupart d'entre nous sommes très loin de toujours nous conduire comme des saints en toutes circonstances, y compris dans nos interactions avec les autres. C'est pourquoi nous devons poursuivre, jusqu'à la fin de nos jours, la pratique du bilan ou inventaire moral. (*Les dépendances, ces fantômes insatiables*, p. 405)
Thérèse Jacobs-Stewart	En pratiquant la pleine conscience en toutes circonstances, nous finissons par percevoir avec plus d'acuité les signes avant-coureurs d'une décharge émotive : pression dans la poitrine, cheveux qui se dressent dans le cou, pensées perturbées. Une vérification ponctuelle, avant, pendant ou après le geste anticipé ou posé fait en sorte que nous avons moins de dégâts émotionnels ou relationnels à réparer. (Version originale en anglais, p. 131)

Onzième étape	
Allen Berger	C'est bien de veiller au grain, mais nous avons aussi besoin de grandir encore si nous ne voulons pas reculer. Avec la onzième étape, nous aiguisons notre état de conscience et continuons à étudier objectivement notre récent mode de vie.
Stephanie Covington	Nous sommes libres de choisir la pratique ou la méthode qui nous donne l'impression de gouter la paix intérieure. (Version originale en anglais, p. 173)
Gabor Maté	La onzième étape ne nous demande pas de nous soumettre à quoi que ce soit, mais nous propose une voie vers la liberté. À mon avis, notre vie repose en équilibre sur quatre piliers : santé physique, intégration des émotions, conscience intellectuelle et pratique spirituelle. Dans le dernier cas, rien ne doit être imposé. (*Les dépendances, ces fantômes insatiables*, p. 406)
Thérèse Jacobs-Stewart	À la onzième étape, nous découvrons que le contact conscient avec la Grande réalité reposant tout au fond de nous nous apporte une paix tranquille qui comble enfin nos appétits autrefois insatiables. (Version originale en anglais, p. 143)

	Douzième étape
Allen Berger	Petit à petit, nous donnons à notre vie une orientation qui ne concerne pas que nous puisque nous découvrons l'importance de nous occuper des autres. Nous prenons aussi conscience que l'intégrité doit marquer nos actions toujours et partout.
Stephanie Covington	Une femme rétablie a tout pour donner une explication simple des douze étapes et raconter le traitement qu'elle en a fait : sa façon de les travailler, de les retravailler, de les expliquer, de les réviser, de les adapter jusqu'à ce qu'elles lui correspondent. Pour nous, cela vaut mieux que de suivre « la ligne du parti » ou de réciter les étapes à la manière traditionnelle. Notre histoire, nous pouvons la partager avec d'autres comme nous l'entendons. (Version originale en anglais, p. 188)
Gabor Maté	Pour transmettre le message des étapes, nos vies doivent être marquées au coin de la sincérité, de la vérité, de la sobriété et de la compassion. On aura parfois besoin de notre aide ou de notre leadeurship. En aucun cas, cependant, nous ne ferons la réclame de croyances ou d'un type de traitement. (*Les dépendances, ces fantômes insatiables*, p. 406)
Thérèse Jacobs-Stewart	En nous engageant dans le programme des douze étapes, nous avons adopté une façon de vivre que nous ne connaissions pas. Nous sommes désormais libéré des compulsions et des faux besoins, sans compter que nous ne nous entêtons plus à tenter de changer ce qui échappe à notre volonté. Notre philosophie est celle de la bienveillance, dans le monde, et « dans tous les domaines de notre vie ». Notre vrai visage irradie et nous le présentons au monde. (Version originale en anglais, p. 164)

Mes interprétations des douze étapes

1

2

3

4

5

6

Partie 3 : Origines

Les douze étapes d'origine
Les origines des douze étapes
AA Agnostica

Les douze étapes d'origine

1.   Nous avons admis que nous étions impuissants devant l'alcool, que nous avions perdu la maitrise de nos vies.

2.   Nous en sommes venus à croire qu'une Puissance supérieure à nous-mêmes pouvait nous rendre la raison.

3.   Nous avons décidé de confier notre volonté et notre vie aux soins de Dieu tel que nous Le concevions.

4.   Nous avons courageusement procédé à un inventaire moral minutieux de nous-mêmes.

5.   Nous avons avoué à Dieu, à nous-mêmes et à un autre être humain, la nature exacte de nos torts.

6.   Nous avons pleinement consenti à ce que Dieu élimine ces défauts de caractère.

7.   Nous lui avons humblement demandé de faire disparaitre nos déficiences.

8.   Nous avons dressé une liste de toutes les personnes que nous avions lésées et nous avons résolu de leur faire amende honorable.

9.   Nous avons réparé nos torts directement auprès de ces personnes chaque fois que c'était possible, sauf lorsqu'en ce faisant, nous pouvions leur nuire ou faire tort à d'autres.

10.   Nous avons poursuivi notre inventaire personnel et promptement admis nos torts dès que nous nous en apercevions.

11.   Nous avons cherché par la prière et la méditation à améliorer notre contact conscient avec Dieu tel que nous Le concevions, Lui demandant seulement de nous faire connaître Sa volonté à notre égard et de nous donner la force de l'exécuter.

12.   Comme résultat de ces Étapes, nous avons connu un réveil spirituel: nous avons alors essayé de transmettre ce message aux autres alcooliques et de mettre en pratique ces étapes dans tous les domaines de notre vie.

Ces douze étapes, publiées en 1939, ont été rédigées par Bill W., un des cofondateurs des Alcooliques anonymes.

Les origines des douze étapes

Lorsqu'un alcoolique parle à un autre alcoolique...

Tout a commencé à la fin de 1934.

Bill W., incorrigible buveur au bout de son rouleau, reçoit chez lui la visite d'Ebby T., ami et ancien camarade de classe. Les problèmes d'alcool ne sont pas inconnus à Ebby T. puisqu'ils lui ont valu des séjours en prison et dans des hôpitaux psychiatriques.

Bill s'attend à passer la journée à boire en évoquant des vieux souvenirs avec son ami, mais Ebby ne veut pas boire. Il est désormais abstinent et préfère parler à Bill de « son expérience, sa force et son espoir ». Bill allait dire plus tard, dans un hommage à son vieil ami : « Par un après-midi frisquet de novembre 1934, Ebby m'a livré le message qui m'a sauvé la vie ».

L'effet de la visite d'Ebby n'est pas vraiment immédiat. Le 11 décembre 1934, brandissant une bière, Bill monte en caracolant les marches de l'hôpital local pour alcooliques et toxicomanes (Towns Hospital for Alcohol and Drug Addiction) pour la quatrième et dernière fois. Ebby lui rend visite le 14 décembre et lui répète son message sur l'abstinence. Après sa sortie de l'hôpital, Bill ne boira plus ; il a compris que la clé de sa guérison tient dans la formule « quand un alcoolique parle à un autre alcoolique... »

Comme on peut s'y attendre, après quatre mois d'abstinence, Bill intervient auprès d'un autre alcoolique. En déplacement professionnel à Akron, en Ohio, craignant de rechuter, Bill s'arrange pour faire la connaissance du Dr Bob S. Pour être une expérience du type « quand un alcoolique parle à un autre alcoolique... », c'en est toute une ! Le Dr Bob a bien fait savoir à Bill qu'il n'a que quinze minutes à lui consacrer, mais il est sidéré par la compréhension que Bill a de la maladie et, aussi, fasciné par le fait que Bill appuie son discours sur son expérience personnelle. L'échange va durer six heures.

Bill va habiter chez le Dr Bob qu'il va travailler du 12 mai au 10 juin 1935, date du dernier verre du Dr Bob.

Pour tous, Bill W. et le Dr Bob sont les cofondateurs des Alcooliques anonymes ; de plus, la date de création du mouvement est fixée au 10 juin 1935. Ces deux faits donnent tout son sens à la formule « lorsqu'un alcoolique parle à un autre alcoolique... » appelée aussi à être pour toujours le principe de base de la fraternité des AA.

Ce principe est particulièrement mis en évidence dans la douzième étape du mode de vie AA, celle qui fait de la transmission de notre message le fondement d'une vie d'abstinence. Généralement, les réunions AA ont la forme de l'intervention d'un conférencier alcoolique invité ou d'une discussion où les alcooliques ont l'occasion d'échanger les uns avec les autres. Chez les AA, on ne donne pas de cours ; on n'en a pas besoin. Les leçons sont remplacées par les opinions et les points de vue des alcooliques et par les réflexions qu'ils suscitent. Transmettre le message est au cœur du fonctionnement de notre fraternité et cette réalité était déjà comprise et reconnue par tous dans les tout premiers temps du mouvement, bien avant que la fraternité ne s'appelle AA et avant la publication du « Big Book » ou *Alcoholics Anonymous* et la parution de notre « Gros livre », *Alcooliques anonymes*.

Les étapes qui mènent à une transformation

La différence entre les alcooliques qui ont besoin d'aide et les alcooliques en mesure de donner cette aide tient à ce que ces derniers ont connu une transformation.

Plus souvent qu'autrement, guérir de l'alcoolisme équivaut à faire des changements dans sa vie. Les alcooliques savent qu'ils doivent comprendre autrement le monde autour d'eux et comprendre et traiter différemment les personnes qui peuplent ce monde. C'est par les étapes 2 à 11 qu'ils y arriveront.

La plupart des alcooliques seront d'accord avec nous sur ce dernier point. Cependant, la perception des moyens à prendre varie d'une personne à l'autre. Dès la création du mouvement, il y a eu deux conceptions de la métamorphose en question : religieuse pour les uns, psychologique pour les autres.

Le groupe d'Oxford

L'interprétation religieuse est issue du groupe d'Oxford, mouvement évangélique chrétien qui connut ses heures de gloire dans les années 1930.

Ebby T. avait été littéralement chassé du mouvement d'Oxford. Comme il risquait pour ivresse publique l'internement dans un hôpital psychiatrique, il fut confié aux soins de trois membres du groupe. On le plaça dans une antenne d'Oxford située pas très loin de chez Bill, le Calvary Rescue Mission de New York.

C'est précisément le message du mouvement d'Oxford qu'Ebby transmit à Bill en 1934. Bill allait expliquer un jour que ce qui concerne « l'inventaire moral [...], la reconnaissance [des] défauts de caractère, [...] la réparation des torts envers ceux que nous [avions] lésés [...] et le travail en équipe [...] » venait directement du groupe d'Oxford. (*Le mouvement des Alcooliques anonymes devient adulte*, 1985, p. 48)

Et Dieu ?Dieu faisait partie de l'héritage du groupe d'Oxford.

Des étapes publiées en 1939, la moitié font allusion à Dieu. La première mention est : une Puissance supérieure à nous-mêmes (deuxième). Deux autres étapes (troisième et onzième) nous parlent de Dieu tel que nous Le concevons ; deux autres, (cinquième et sixième) mentionnent simplement Dieu et, ailleurs (septième) il est question de Lui.

C'est lourd de Dieu pour quelques courtes phrases.

De plus, les étapes sont porteuses d'une conception éminemment théiste, puisqu'elles s'appuient sur un Dieu qui intervient personnellement dans la vie de chacun comme dans les affaires de l'univers. Pour preuve : les étapes demandent qu'on établisse un contact conscient avec Dieu (onzième) et affirment que Dieu est en mesure de nous enlever nos défauts (sixième et septième). Cette entité interventionniste dont le « Gros livre » (1963, p. 80) dit « Dieu pourrait et voudrait le faire si nous Le recherchions » vient directement du très chrétien groupe d'Oxford.

Nombreuses sont les étapes qui recommandent des actions historiquement reliées à des pratiques religieuses. Parmi celles-ci, le renoncement à exercer notre propre volonté (troisième) : Nous avons décidé de confier notre volonté et notre vie aux soins de Dieu tel que nous Le concevions. Se confond aussi avec une pratique religieuse, la confession de nos fautes (cinquième) : Nous avons avoué à Dieu, à nous-mêmes et à un autre être humain la nature exacte de nos torts. Le repentir et la réparation ont aussi un fort parfum de religion (huitième et neuvième) : Nous avons dressé la liste de toutes les personnes [...] lésées [...] faire amende honorable ; les étapes demandent aussi de porter la bonne nouvelle (douzième) : nous avons essayé de transmettre ce message.

Dans son classique sur l'histoire des AA, *Not-God : A History of Alcoholics Anonymous*, p. 182, Ernest Kurtz fait remarquer que, surtout dans les trois premières étapes, le fondement de la foi est la rédemption résultant d'une conversion, à condition qu'il y ait eu un lâcher-prise conscient. Au chapitre 8, « The Context of the History of Religious Ideas », Kurtz décrit les liens entre les groupes d'Oxford et les AA. Toute personne s'intéressant à la religiosité chez les AA et à l'aise en anglais devrait absolument lire ce chapitre.

En décrivant le « piétisme évangélique » des membres du groupe d'Oxford, Kurtz décortique l'expression : le « piétisme » est présent dans l'aversion des Oxfordiens à l'égard de l'autosuffisance de l'homme. Par ailleurs, le côté « évangélique » s'exprime dans la ferveur des membres à transmettre l'idée du privilège de compter sur un Dieu tout-puissant. Le piétisme évangélique était florissant chez les Oxfordiens au milieu des années trente et il a dû influencer le tout nouveau mouvement des AA.

Du point de vue oxfordien, la vraie sobriété, par opposition à l'abstinence sans spiritualité, repose fondamentalement sur la rédemption, impossible sans une conversion religieuse.

Rowland H. était du nombre des Oxfordiens qui avaient épargné l'hôpital psychiatrique à Ebby. Carl Jung avait diagnostiqué Rowland alcoolique incurable et affirmé que seule une conversion religieuse le sauverait. Pour Jung, dans le cas des alcooliques comme Rowland, une expérience spirituelle profonde était la seule issue. Il est cité dans le « Gros Livre » (*Alcooliques anonymes*, 1963, p. 49) :

> *On assiste chez ces alcooliques [comme Rowland] a de spectaculaires réaménagements émotifs. Les idées, les émotions, les attitudes qui dirigeaient jusque-là la vie de ces hommes sont soudainement rejetées, et*

> *un ensemble complètement nouveau de conceptions et de motifs*
> *commence à les dominer.*

Quelques jours après la visite d'Ebby chez lui, Bill, ivre, se présente à la Rescue Mission en quête de son ami. C'était sa première réunion du groupe Oxford. « Quelque chose m'a touché. Peut-être plus fort que touché. Je me suis senti battu. » Peu de temps après, on le retrouve au Towns Hospital. C'est là qu'il vivra sa propre conversion fulgurante du type de celle décrite par Carl Jung. « Il a toujours dit qu'après cette expérience, il n'avait jamais plus douté de l'existence de Dieu. » (*Transmets-le*, 1984, p. 121) Après sa sortie de l'hôpital, Bill s'investit dans des groupes d'Oxford.

Si l'on écoute aujourd'hui les bandes magnétiques de Bill où il est question de Dieu, ce qu'il semble répéter le plus souvent est que lui, Bill W., n'a pas de contrôle sur quoi que ce soit, ni sur sa respiration, ni les battements de son cœur, par exemple. En un sens, lorsque Bill évoque « la grâce de Dieu », on a l'impression que notre existence est fortuite et que nous devrions être reconnaissants même si nous n'avons sur notre vie aucune emprise.

Comme on l'a déjà précisé, le mot « Dieu » (ou « Puissance supérieure » ou « Lui ») est présent six fois dans les étapes et certains gestes demandés aux AA ont de tout temps été associés à une démarche de rédemption. Or, tout cela revient à se plier aux injonctions d'une déité interventionniste et critique. Que les pratiques proposées dans le programme AA contribuent à diminuer les besoins d'alcool pressants d'un alcoolique irréductible semble parfois relever du hasard et affirmer qu'elles sont la source de la guérison, c'est de la récupération.

Les étapes héritées des groupes d'Oxford sont du domaine de la religion. Peut-être ont-elles aussi une nature spirituelle, mais elles restent incontestablement religieuses, c'est-à-dire associées à un groupe et à ses croyances. Essayer de contester cette affirmation, c'est, à tout le moins, faire preuve de mauvaise foi et, de plus, montrer son incompréhension de l'histoire des religions.

De hauts tribunaux des États-Unis partagent notre point de vue. Ayant souvent eu à étudier la question, ils ont toujours conclu que la lecture objective des textes doctrinaux à la base de la méthode AA révèle une orientation incontestablement religieuse. Pour en savoir plus sur la question, lire « The Courts, AA and Religion », sur notre site AA Agnostica.

Cela signifie-t-il que les alcooliques doivent adhérer à une religion pour pratiquer les douze étapes et voir s'opérer en eux la transformation qui leur assurera à long terme la sobriété ?

Absolument pas!

Agnostiques et athées

Depuis les premières tentatives de Bill pour organiser les étapes et en faire une voie balisée pour sortir de l'alcoolisme, il y a eu nombre de reformulations et d'interprétations du texte et de sa portée.

Par exemple, entre la parution en avril 1939 d'*Alcoholics Anonymous: The Story of How More Than One Hundred Men Have Recovered From Alcoholism* (titre du premier *Alcoholics Anonymous*) et sa réimpression en mars 1941, on avait acquis la conviction de devoir à tout prix réexpliquer les principes du programme AA. L'Appendice (sic) II, « Spiritual Experience » a rempli cette fonction. Il est présent dans la première édition (1963, p. 435) d'*Alcooliques anonymes* sous le titre « L'expérience spirituelle ».

L'appendice (sic) II rectifie ainsi les faits :

> *Même si nous n'avions pas l'intention de créer (sic) cette impression, plusieurs (sic) alcooliques en ont tout de même conclu que, pour se rétablir, ils devaient acquérir « une perception de Dieu » immédiate et foudroyante, suivie sans retard d'un changement profond dans leurs sentiments et leur façon de penser. Puis vient l'atténuation : La plupart de nos expériences font partie de ce que le psychologue William James appelle « le genre éducatif » parce qu'elles se produisent lentement au cours d'une certaine période de temps.*

Revenons en arrière : Avant que Bill ne quitte définitivement le Towns Hospital, Ebby lui avait apporté un exemplaire du livre *Les variétés de l'expérience religieuse* de William James. D'après cet auteur, ce qui fait la valeur de l'expérience religieuse, c'est ce qu'elle nous révèle sur la nature humaine et sur sa psychologie. James était très populaire auprès des AA de la première heure et son succès était en grande partie dû au pont qu'il tendait entre deux idéologies : d'une part, l'opinion que la transformation religieuse était la seule voie conduisant au rétablissement et, d'autre part, celle qui voyait en action des forces purement psychologiques, à la limite « spirituelles », mais certainement étrangères à toute croyance ou affiliation religieuse.

L'annexe allait aussi dans le même sens : éveil et expérience spirituelle correspondent à une transformation de la personnalité qui n'a pas à être soudaine ni religieuse, et n'a pas même besoin d'un Dieu. En somme, si l'on s'en tient à une orientation essentiellement psychologique, un « changement de personnalité suffisant » devrait sauver un alcoolique.

Voilà qui devrait satisfaire tout le monde.

Parlons un peu des premiers pas des AA.

Dans les débuts, avant l'ajout de l'annexe et avant la publication des étapes, le programme de rétablissement des AA se transmettait de bouche à oreille entre les trois groupes pionniers : New York, Akron et Cleveland.

Comme Bill l'a écrit en 1953 dans un article :

> *En nous émancipant des groupes d'Oxford, nous avons commencé à penser à nos propres principes et à les définir. Les voici :*
>
> *1.   Nous avons admis que nous étions impuissants devant l'alcool.*

2. *Nous avons été honnêtes avec nous-mêmes.*

3. *Nous nous sommes confiés à une autre personne.*

4. *Nous nous sommes excusés auprès de ceux à qui nous avions fait du tort.*

5. *Nous nous sommes occupés d'autres alcooliques sans exiger d'être reconnus ni payés.*

6. *Nous avons demandé à Dieu de nous aider à respecter nos principes du mieux que nous le pouvions.*

C'était le cœur du message transmis aux nouveaux jusqu'en 1939, année de la rédaction de nos douze étapes actuelles.

Six étapes et un programme de bouche à oreille qui mentionne Dieu une seule fois. Rien de bien religieux !

Si l'on regarde en arrière, ces « étapes » ont sans doute bien fonctionné pour les membres de la fraternité de ce temps-là. Ceux qui avaient un penchant pour la religion retrouvaient leur Dieu dans la dernière étape tandis que les athées ou agnostiques irréductibles, tout comme les libéraux du centre, avaient à leur disposition un programme psychologique parfaitement acceptable. Bill affirmait que les principes des six étapes avaient reçu l'aval de tout le monde et qu'il y en avait pour tous les gouts.

Mais pourquoi fallait-il donc refaire le mode de vie, et en douze étapes, cette fois ? Qui n'avait pas compris que le mieux est l'ennemi du bien ?

La fraternité travaillait au livre qui finirait par s'intituler *Alcooliques anonymes* et les rédacteurs en était au chapitre cinq, Notre méthode, qui présentait la méthode de rétablissement.

Bill a écrit quelque part :

J'ai commencé à réviser notre programme de base pour le découper en tranches plus petites et, à ma grande surprise, à peine une demi-heure plus tard, j'avais établi des modalités qui atteignaient le nombre de douze. Pour je ne sais quelle raison, j'avais automatiquement inséré l'idée de Dieu dans la deuxième étape et fait un généreux usage du nom de Dieu dans les autres. Dans l'une d'elles, j'étais allé jusqu'à suggérer que le nouveau se mette à genoux.

C'est l'origine des douze étapes.

Le résultat était prévisible et mérité.

Lorsque le document a été présenté à notre groupe de New York, il a suscité des protestations aussi nombreuses que véhémentes. Nos amis agnostiques n'acceptaient pas du tout l'idée de l'agenouillement. D'autres nous ont dit qu'il y était beaucoup trop question de Dieu. Et puis, objectait-on, pourquoi douze étapes alors que six faisaient tout aussi bien l'affaire ?

> *Gardons ça simple, disaient-ils. S'ensuivirent des jours et des nuits de discussions intenses.*

Finalement, on est arrivé à un compromis. On a retiré de la septième étape l'obligation de s'agenouiller. Dans la deuxième, le mot « Dieu » a été remplacé par « une Puissance plus grande que la nôtre ». Des troisième et onzième étapes, les agnostiques Hank P. et Jim B. ont fait éliminer « Dieu » au profit de la formulation « Dieu tel que nous Le concevons. » Finalement, et c'est peut-être l'essentiel, on a inséré une phrase atténuative juste avant de décrire la méthode : « Voici les étapes que nous avons suivies et que nous suggérons comme Programme de Rétablissement ». (*Le mouvement des Alcooliques anonymes devient adulte*, 1983, p. 205)

Empruntant au vocabulaire du bowling, Bill a déclaré à propos de ces modifications :

> *Nous venons de faire un abat. Ce sont les dernières concessions faites à ceux de nos amis qui avaient peu de foi ou n'en avaient pas du tout. Et ces amendements constituent la contribution remarquable des athées et des agnostiques de notre fraternité. Ils ont élargi la porte d'entrée pour qu'y passent tous ceux qui souffrent, peu importe leurs croyances ou leur manque de croyances. (Le mouvement des Alcooliques anonymes devient adulte, 1983, p. 205, après correction)*

En rétrospective, on constate que les AA n'avaient pas réussi un abat. La boule n'avait pas fini dans le dalot, mais le coup ressemblait davantage à un jeu ouvert laissant des quilles de chaque côté de l'allée, à bonne distance les unes des autres.

Dieu tel que nous le concevions. Sans aucun doute, cette expression de même que « une Puissance plus grande que la nôtre » sont une invitation à interpréter les étapes. En fait, pour un membre AA, cette réflexion n'est pas optionnelle, elle est nécessaire.

Pour les non-croyants, la puissance de Dieu s'incarne généralement dans les ressources intérieures et extérieures qu'en toute confiance ils ont mises à contribution pour arrêter de boire et ne pas y retourner.

Dans cet ordre d'idée, citons un anthropologue culturel, qui n'a rien à voir avec les douze étapes, et qui nous donne une interprétation psychologique d'une puissance supérieure au sens large :

> *Nous nous appuyons toujours sur quelque chose qui nous transcende, un ensemble d'idées et de forces dont nous faisons partie et qui nous soutiennent. Ces forces ne sont pas toujours évidentes. Cela n'a pas à être un dieu… Parfois, il s'agit d'un mode de vie, d'une passion, d'un immense intérêt pour un sport, d'une activité qui exige toute notre attention, toute notre énergie.* (Ernest Becker, *The Denial of Death*, p. 55)

Disons qu'athées et agnostiques se sentaient dorénavant davantage chez eux, sauf que, compte tenu de la religiosité explicite des étapes, on soupçonne quelque chose d'étrange, de forcé, dans la situation.

Tout membre peut rédiger avec une rigoureuse honnêteté sa version personnelle des étapes ou adopter la version modifiée par son groupe laïc. Une des versions agnostiques a ainsi réglé le problème du dieu de la troisième étape : « Nous avons décidé de confier notre volonté et notre vie à la sagesse et [à] l'expérience de ceux qui nous ont précédés ». Cette formule ou d'autres très près de celle-ci ont fonctionné pour bon nombre d'alcooliques cherchant à se rétablir chez les AA.

Un programme de rétablissement suggéré. Il n'y a aucune condition pour faire partie de notre mouvement. Les étapes ne sont pas obligatoires et c'est à chacun et à chacune de décider si les étapes lui conviennent.

Si une recrue choisit de mettre les étapes en pratique mais est freinée par l'insistance sur Dieu, enlevons ce qui concerne Dieu et que Dieu ne fasse pas partie de sa démarche! Comme l'a écrit lui-même l'auteur des étapes :

> *[…] nous devons nous rappeler que les Douze Étapes ne sont que des suggestions. Notre appartenance au Mouvement ne dépend aucunement de notre acceptation des Étapes dans leur formulation courante. Cette liberté a rendu le Mouvement accessible à des milliers d'alcooliques qui n'y seraient jamais venus si nous leur avions imposé de suivre le texte des Étapes à la lettre.* (Le mouvement des Alcooliques anonymes devient adulte, 1983, p. 100)

D'abord et avant tout, les AA sont une fraternité où des alcooliques échangent avec d'autres alcooliques ; ce n'est pas un programme, mais le mouvement a un programme, qu'il suggère. De plus, les AA ne prétendent pas détenir le seul bon traitement de la dépendance alcoolique. Ce qui compte, c'est d'arrêter de boire définitivement grâce à un profond changement de personnalité. Et les modalités de la guérison varient d'une personne à l'autre.

Si les alcooliques sont impuissants devant l'alcool, il ne faut pas croire qu'ils le sont devant les décisions capitales de leur rétablissement ou de leur vie. Mais, nous anticipons, puisque l'impuissance des alcooliques est le sujet de la dernière section du livre ; cette section concerne la première des douze étapes.

Revenons aux athées et aux agnostiques de la fin des années trente et des années quarante. Ils ont réussi leur vie, sont restés abstinents dans la fraternité, après la publication des douze étapes. Et, naturellement, ils ont fait cela à leur manière.

Un des athées les plus connus de l'époque est Jim B. à qui on attribue le « tel que nous le concevons » de la troisième et de la onzième étapes. Il serait aussi l'auteur de la troisième tradition : « La seule condition pour être membre est le désir d'arrêter de boire. »

Comme il le reconnait dans *Sober for Thirty Years*, Jim était exaspérant : « Je m'opposais à tout ce que Bill et les autres proposaient, surtout s'il s'agissait de religion ou de leur Dieu. Je ne voulais pas non plus retourner boire et j'aimais le contact avec des alcooliques qui me comprenaient. »

À un moment donné, le groupe a tenu une réunion de prière pour demander quel sort réserver à Jim. « Ils se sont entendus, je crois, pour ne pas agir, tout en espérant que je quitte la ville ou que je fasse une rechute. »

Avec le temps, toutefois, plus qu'un changement, mais une métamorphose s'est opérée en Jim. On ne peut certainement pas parler de conversion, mais Jim a adopté une attitude beaucoup plus tolérante à l'endroit des membres du groupe qui croyait en un Dieu. Après réflexion, il se dit que peut-être leur foi les aidait à rester abstinents. « Qui suis-je pour juger ?». Il allait rester fidèle à cette façon de voir ceux qui avaient des idées contraires aux siennes.

Cette attitude est représentative, sinon essentielle, dans les réunions AA.

Jim n'est pas devenu religieux pour autant. Il a ouvert des groupes AA à Philadelphie, Baltimore et San Diego, mais à sa façon. À son propos, voici un témoignage de Clarence Snyder, un des fondateurs du premier groupe de Cleveland : « Il est resté inébranlable toute sa vie et, partout où il allait, il a fait la promotion de sa façon de voir les AA. » (*How it Worked: The Story of Clarence H. Snyder and the Early Days of Alcoholics Anonymous in Cleveland, Ohio*, p. 107)

Un autre membre du groupe de New York était agnostique. Il s'agit de Ray W. Il préparait un déplacement professionnel à San Francisco où il avait l'intention d'amener des alcooliques chez les AA. Bill lui donna des exemplaires du tout nouveau « Gros livre » pour les distribuer. En les remettant aux alcooliques, il leur dit à peu près ceci : « Mes amis, le mouvement des AA est formidable. Il m'a réellement sauvé la vie. Mais un ses aspects ne me plaît pas, c'est l'importance qu'on donne à Dieu. Alors, quand vous lirez ce livre, vous pourrez omettre la partie qui traite de ce sujet. » (*Le mouvement AA devient adulte*, 1983, p 108)

Toucher le fond (Première étape) ou l'apport du Dr William Silkworth

Avant sa première réunion AA, personne n'entrevoit avec enthousiasme de passer ses soirées dans une salle AA avec un bande d'alcooliques. Et pourtant, de nombreux membres, hommes et femmes, sont heureux de s'y retrouver.

Pourquoi? C'est en raison de leur expérience commune de ce qui s'appelle « toucher le fond ». Tout alcoolique, souvent après des années de déni, finit effectivement par arriver au bout de son rouleau; il se trouve alors dans un cul-de-sac bien souvent physique et psychologique. Sa seule façon de s'en sortir passe par une salle AA.

La pertinence de l'expression « toucher le fond » est validée dans le livre de William James *L'expérience religieuse*. Ebby avait donné l'ouvrage à Bill du temps que ce dernier était à l'hôpital et Bill fut particulièrement frappé par ce passage : « Dans la plupart des cas décrits dans mon livre, les personnes qui se sont transformées étaient désespérées. Dans un ou plusieurs domaines essentiels de leur vie, elles avaient connu la défaite totale. » (*Le langage du cœur*, 1993, p. 208)

Bill a écrit avoir connu un « effondrement en profondeur de l'égo », expression qu'il croyait, à tort, avoir empruntée à William James.

Au Towns Hospital, Bill était sous les soins d'un médecin remarquable, spécialiste des dépendances, le directeur médical de l'établissement, William Silkworth. Voyant Bill peiner pour aider d'autres alcooliques, il lui demanda d'insister auprès d'eux sur « la défaite totale » ou sur le fait de « toucher le fond » et d'attirer leur attention sur les torts irréparables qu'ils causaient notamment à leur santé s'ils continuaient de boire.

> *[…] Bill, tu mets la charrue devant les bœufs. Il faut d'abord rabattre le caquet de ces malades qui s'ignorent. Alors, entretiens-les de l'aspect médical, de manière à les impressionner. Insiste sur l'obsession qui les oblige à boire et sur la sensibilité physique ou l'allergie qui les exposent à la folie ou à la mort s'ils persistent à boire. Venant d'un alcoolique, d'un alcoolique parlant à un autre alcoolique, cette méthode réussira peut-être à briser leur carapace et à les atteindre au plus profond d'eux-mêmes.* (Le mouvement AA devient adulte, *1983, p. 83*)

William Silkworth fut le premier médecin du XXe siècle à soutenir que l'alcoolisme est une maladie et non pas la manifestation d'une défaillance morale. Cette idée était révolutionnaire dans les années trente, juste après l'échec de la Ligue de tempérance. Il écrit ceci à propos de ses patients alcooliques : « Physiquement, l'alcoolique souffre d'une maladie qui l'empêche de boire avec modération, du moins pas sur une période significative. S'il ou elle touche à l'alcool, tôt ou tard apparaitront des comportements compulsifs vis-à-vis de l'alcool. »

L'affirmation du Dr Silkworth semblera étrangement familière à toute personne qui fréquente assidument les réunions AA. Le 17 mars 1937, le médecin, qui n'avait pas écrit jusque là, vit son premier article « Alcoholism as a Manifestation of Allergy » (L'alcoolisme : une allergie) publié dans le *Medical Record*.

En avançant que le véritable alcoolisme est une pathologie, Silkworth affirmait que la maladie était l'aboutissement d'une sensibilisation progressive, négative, à l'alcool. Cette sensibilisation progressait sur une période plus ou moins longue jusqu'à ce que l'allergie soit irréversible. Le docteur soutenait aussi qu'une personne alcoolique pouvait très bien ne pas boire pendant des années sans être guérie de l'allergie pour autant. En effet, il suffirait d'une consommation pour déclencher tous les symptômes.

En résumé, de l'avis du docteur Silkworth, l'alcoolique doit se garder de toute consommation d'alcool pour des raisons physiologiques. Il doit comprendre et accepter la situation comme s'il s'agissait d'une implacable loi de la nature.

Autre apport de William Silkworth : il est l'auteur de « L'opinion du médecin » dans notre « Gros livre ».

Relisons la première étape : « Nous avons admis que nous étions impuissants devant l'alcool, que nous avions perdu la maitrise de notre vie. » Cette admission vient directement de William James et du directeur médical du Towns Hospital, William Silkworth.

Notre essai sur l'origine des douze étapes a commencé au Towns Hospital, et c'est aussi là qu'il se termine.

Résumons. Les AA nous donnent un programme de rétablissement reposant sur le simple principe d'un échange entre deux alcooliques. Nous comptons sur des étapes, diversement interprétées et dont la mise en pratique résulte souvent en une transformation de la personnalité telle que nous sommes libérés de l'alcool et n'avons plus besoin de retourner boire. Tout cela n'est possible que si, et seulement si – ce sera le dernier point – nous ne perdons pas de vue que l'alcoolisme est une maladie physique qui nous interdit de prendre un premier verre.

C'est la base et la première étape. À partir d'ici, nous allons de l'avant, une étape à la fois.

AA Agnostica

AA Agnostica a été créé pour porter secours à ceux et celles qui se tournent vers les Alcooliques anonymes en quête d'aide, mais qui éprouvent un malaise devant le contenu religieux d'un grand nombre de réunions AA.

AA Agnostica n'est affilié à aucun groupe AA ni à d'autres associations.

Les auteurs qui enrichissent le site web d'AA Agnostica sont tous membres d'Alcooliques anonymes. Sinon, il en est fait état sur le site. Leurs opinions ne sont ni celles de leur groupe ni celles des AA, mais seulement les leurs.

Il y a de plus en plus de groupes AA dont l'orientation et les usages n'ont rien de religieux. On n'y récite pas de prières ni à l'ouverture ni à la clôture des réunions ; dans ces groupes, on ne laisse pas entendre qu'il faut croire en Dieu pour arrêter de boire de façon permanente. Là où on lit le programme de rétablissement AA suggéré, c'est dans une version laïque ou humaniste des étapes.

Si l'on interroge les membres des groupes AA non religieux sur leur conception de la fraternité, voici la description qu'on obtiendra probablement :

> ***Alcooliques anonymes*** *est une fraternité d'hommes et de femmes qui partagent leur expérience, leur force et leur espoir dans le but de se rétablir de leur problème commun et de venir en aide aux alcooliques qui souffrent encore. La seule condition pour être membre des AA est le désir d'arrêter de boire. Il n'y a ni droits ni prix à acquitter, car nous subvenons à nos moyens grâce à nos contributions. Les AA ne sont liés à aucune secte, aucune religion, aucun groupe politique, aucune organisation, aucun établissement. De plus, ils ne souscrivent à aucune cause et n'en contestent pas. Notre but premier est de rester abstinents et d'aider d'autres alcooliques à l'être aussi.*

AA Agnostica ne se prononce ni sur l'athéisme ni sur les religions. Notre seul souhait est de donner aux alcooliques qui souffrent encore la certitude de trouver l'abstinence chez les AA sans être tenus d'accepter la foi d'un autre et sans devoir renoncer à leurs convictions.

Pour l'appellation « Agnostica », nous nous sommes inspirés du titre du chapitre 4 du « Gros livre », « Nous les Agnostiques ». Lorsque dans un contexte AA, nous utilisons les qualificatifs « agnostiques », « athées » ou « libre-penseurs », nous pensons uniquement à la sagesse particulière de groupes ou de personnes au sein de la fraternité ayant compris que croire en un dieu n'est pas nécessaire pour se rétablir de l'alcoolisme.

L'expérience, la force et l'espoir des hommes et des femmes des groupes AA Agnostica sont la première inspiration et la matière de notre site web AA Agnostica. Les textes publiés sont souvent une source de réconfort et d'inspiration pour d'autres AA.